BLV Wildbiologie

In dieser Reihe:

Wilfried Bützler

Rotwild

Zweite, durchgesehene Auflage

BLV Verlagsgesellschaft München
Verlag ›Das Berglandbuch‹ Salzburg

CIP-Kurztitelaufnahme der Deutschen Bibliothek

Bützler, Wilfried
Rotwild. — 2., durchges. Aufl. — München:
BLV Verlagsgesellschaft; Salzburg:
Verlag Das Berglandbuch, 1977.
    (BLV Wildbiologie)
    ISBN 3-405-11816-6

Fotonachweis:
J. Behnke, Wetzlar, 125; H. Dobat, Werdohl, 17 oben links;
E. Leitz GmbH, Wetzlar, Titelbild; H. Niesters,
Köln-Weidenpesch, 18 oben; H. Robl, Haunstetten, 53 oben;
C. A. v. Treuenfels, Neu-Horst, 17 oben rechts,
126 unten; alle übrigen Fotos vom Autor.

Umschlagentwurf: Franz Wöllzenmüller,
unter Verwendung eines Fotos von Ernst Leitz GmbH, Wetzlar
Satz und Druck: Manz, Dillingen
Buchbinder: Conzella, Urban Meister, München
Printed in Germany · ISBN 3-405-11816-6

Inhalt

Dem Andenken WALTER VON SANDEN-GUJAS gewidmet.

Einleitung

Der Rothirsch ist von vielen Jägergenerationen beobachtet, gejagt und gehegt worden. Trotz Industrialisierung, Verkehrs und Tourismus' hat er sich in Mitteleuropa in starken Beständen erhalten, und in vielen Gebieten ist sogar eine ganz beachtliche Qualitätsverbesserung erzielt worden. Es ist also offensichtlich, daß der Rothirsch bisher entgegen aller Einengung und Umgestaltung seines Lebensraums und der daraus erwachsenden Probleme immer noch im Vordergrund der Hochwildjagd steht. Im Zuge dieser Vorrangstellung sind eine Reihe umfassender Monographien über ihn geschrieben worden, deren Verfasser sich dem Rotwild und seiner Jagd oft lebenslang gewidmet haben.

Das Schrifttum über den Rothirsch befaßt sich vorwiegend mit Jagd und Hege. Etwa seit Anfang dieses Jahrhunderts ist ein zunehmendes Interesse an Wildschadensproblemen festzustellen, das immer noch anhält. Auffällig ist, daß außer den Beiträgen von J. BENINDE und DARLING, die beide im Jahre 1937 veröffentlicht wurden, kaum biologische Arbeiten über den Rothirsch erschienen sind. Erst in jüngster Zeit werden naturwissenschaftliche Untersuchungen in nennenswertem Umfang publiziert. Diese sind jedoch über die Fachzeitschriften noch nicht hinausgedrungen, zudem häufig in englischer Sprache verfaßt und erreichen somit den interessierten Jäger größtenteils nicht. Insbesondere die in der Neuen Welt stark vorangetriebenen Forschungen an Hirschen gehen einem fruchtbaren Erfahrungsaustausch verloren.

Hier eine Lücke zu schließen, ist die Aufgabe des vorliegenden Buches. Es soll nicht zu den schon vorhandenen Monographien noch eine weitere hinzufügen, sondern eine notwendige Ergänzung bilden. Sein Thema ist die Biologie des Rothirsches, deren Grundlagen hier für den Jäger skizziert werden sollen. Das bedeutet, daß ich als Zoologe dasjenige auswähle, was den Jäger bei Beobachtung, Jagd und Bewirtschaftung des Rotwildbestandes am meisten interessiert. Ich schreibe dieses Buch unmittelbar aus der Paxis angewandter Wildforschung heraus. Was wir im grünen Revier vor uns sehen und verstehen wollen, steht im Vordergrund.

Die praktische und wissenschaftliche Auseinandersetzung mit Hirschen ist ein Prozeß, der immer in lebendiger Entwicklung sein muß, der nie einen endgültigen Abschluß findet. Ich betone daher ungelöste Fragen und angeschnittene Probleme, die uns herausfordern und weiterführen können. So wie sich die Hirsche selbst einer sich ständig verändernden Umwelt anpassen, müssen auch wir bei ihrer Hege und Erforschung beweglich bleiben. Wir wollen uns nicht auf einmal aufgestellten Lehrsätzen ausruhen, sondern das Überlieferte kritisch prüfen, das Wertvolle behalten und die Lücken durch eigene Untersuchung schließen.

Wie kam es zu diesem Buch? Das Leben und Verhalten der Hirsche hatte mich schon als Schuljunge in seinen Bann gezogen. Zu jeder freien Stunde durchstreifte ich die heimischen Reviere des Mittelrheingebietes, wobei mich Förster und Jäger als Lehrmeister in die Waldgeheimnisse einführten. Bald lernte ich die naheliegenden Rotwildgebiete kennen, und als ich später das Studium der Zoologie begann, da faßte ich den Plan einer eingehenden wissenschaftlichen Arbeit über den Rothirsch. In den Staatsforsten um die Universitätsstadt herum kannte ich einen Kreis von Revierbeamten, die mir großzügigerweise meine Beobachtungen ermöglichten. Ich hatte mich der Verhaltensforschung verschrieben und bemühte mich daher, das Leben der Hirsche in Film und Bild festzuhalten. Bei Vorträgen in Jägerkreisen stieß ich stets auf großes Interesse, wurde in andere Reviere eingeladen und lernte so zahlreiche Rotwildreviere kennen. In den Semesterferien erweiterte ich meine Beobachtungen durch Reisen zu ausländischen Rotwildgebieten und Wildparks. Als ich nach sieben Jahren meine praktischen Untersuchungen abschloß, wollte ich gern in allgemein verständlicher Form von der Biologie des Rothirsches berichten. Hierzu bot mir die BLV Verlagsgesellschaft 1970 Gelegenheit, und ich begann erfreut mit der Arbeit an diesem Buch. Die Anfänge hierzu mußten jedoch wieder unterbrochen werden, als ich im Herbst desselben Jahres zu einer Forschungsarbeit über tropische Hirsche nach Mauritius reiste. Hier erwartete mich eine Fülle biologischer Feldarbeit, die mir nur beschränkte Zeit für das Rotwildbuch ließ. Schließlich versuchte ich es trotz aller Schwierigkeiten. Die eingehende praktische Auseinandersetzung mit Problemen der Bewirtschaftung von Hirschbeständen während der Zeit des Schreibens kam dabei, so hoffe ich, diesem Bändchen zugute.

Trotz der eingangs aufgezeigten jagdlichen Bedeutung unseres Rotwildes lebt es in einer kritischen Zeit und sieht einer schwierigen Zukunft entgegen. Eine so große, empfindliche Wildart, die sich großräumig bewegt und sozial in Rudeln organisiert ist, muß unter der wachsenden Bedrängung durch den Menschen stärker leiden als z. B. kleinere, überwiegend einzeln lebende Tiere. Das äußert sich praktisch in den vielen täglichen Widrigkeiten, die alle Betreuer von Rotwildrevieren durchstehen müssen — ich habe noch keinen getroffen, der davon nicht hätte stundenlang erzählen können. Es zeigt sich in vielen Gebieten im Ausbleiben dessen, was als Erfüllung des Hegezieles angesehen wird: alte und starke Hirsche zu haben und jagen zu können. Eine weitere Quelle der Unzufriedenheit sind die Wildschäden, die leider allzu oft Forst und Jagd in zwei Lager spalten. Zu allen Schwierigkeiten von außen, die das Rotwild unmittelbar schädigen, kommt die verhängnisvolle Tendenz unseres Reviersystems, in immer kleinere Jagdbezirke zu zerfallen. Die Feststellung, daß mit dem Reviersystem die deutsche Jagd steht und fällt, kann nur dann gelten, wenn ihr klar und unmißverständlich die Tatsache zur Seite gestellt

wird: das Reviersystem ist nur dann sinnvoll, wenn die Reviergröße dem Aktionsraum des Wildes entspricht. Beim Rotwild ist das leider immer weniger der Fall,
und dies ist eine der Hauptursachen für unzureichende Hegeerfolge.
Es wird deutlich, daß die Bewirtschaftung eines Rotwildbestandes in der heutigen
Zeit in unserem dicht besiedelten Erdteil eine Fülle von Schwierigkeiten in sich
birgt, die teilweise unlösbar scheinen. Zu ihrer Bewältigung ist es notwendig, alles
vorhandene Wissen über unsere Hirsche mit Verstand und Vernunft in der Praxis
anzuwenden. Hierzu sind Zusammenarbeit und Erfahrungsaustausch aller, die sich
mit Rotwild praktisch wie wissenschaftlich beschäftigen, erforderlich. Ich habe in
Deutschland die Erfahrung gemacht, daß zwischen Kreisen der Jäger und Forstleute einerseits und Wildforschern, Naturschützern und Wissenschaftlern andererseits Verständigungsschwierigkeiten bestehen. Sie arbeiten häufig nebeneinander
her anstatt miteinander oder fechten gar Kontroversen aus. Das können wir uns
heute unter keinen Umständen mehr leisten. Es ist dringend zu wünschen, daß
sich die erwähnten Kreise offen zueinander verhalten im gemeinsamen Interesse
für das Gedeihen des von ihnen allen geliebten Wildes. Möge dieses Büchlein,
von einem Zoologen für Jäger und alle Wildfreunde geschrieben, zu einer gemeinsamen Sprache über den Rothirsch beitragen sowie biologische Grundkenntnisse
in überschaubarer Weise vermitteln und für alle verständlich machen. Ich möchte
es dem ostpreußischen Tierschriftsteller Walter von Sanden-Guja widmen. Aus
seinen feinsinnigen Naturschilderungen und seinem persönlichen Wirken spricht
eine menschliche Haltung bei Jagd, Tierbeobachtung und Naturschutz, wie sie mir
immer vorbildlich war.

Wilfried Bützler

Der Rothirsch in seinem Lebensraum

In den schon dämmrigen Tiefen des Sumpfwaldes vor mir höre ich kurz das Klingen aneinanderschlagender Geweihstangen. Zwei junge Hirsche mögen wohl eben rege geworden sein. Nach einer Weile der Stille endlich das nasale stoßweise Brummen des von mir erwarteten Brunfthirsches, und jetzt weiß ich, daß er wieder den Wechsel nach meinem Stand nehmen wird wie am Abend vorher.

Zum ersten Mal erlebe ich die Hirschbrunft im Ausland, in den prachtvollen Auwäldern der jugoslawischen Donauniederungen. In einem kleinen Waldrevier beherrscht zur Zeit ein starker Eissprossenzehner vom etwa 10. Kopf mit fast meterlangen dicken Stangen das Feld. Freie Flächen als Brunftplätze gibt es nicht, und so erwarte ich die Hirsche auf den langen Waldschneisen. Der Brunfthirsch überquert sie mit dem Kahlwild, das wegen der Tageshitze erst spät am Nachmittag zur Äsung zieht. So ist es auch heute. Das Rotwild ist im Einstand hochgeworden, doch vergebens spähe ich noch in das undurchdringliche Gewirr aus stubenhohem Weidendickicht und Schilf, das von hohen Eichen überdacht wird. Schnell verglüht die Abendsonne über den weiten Maisfeldern, zu denen hin sich die Schneise öffnet. Ein Rauschen in der Luft über mir läßt mich auffahren. Drei Schwarzstörche sind es, die von den fischreichen Flußarmen und Kanälen zu ihren Schlafbäumen zurückkehren. Gerade als sie in die Baumkronen abschwenken, dröhnt unerwartet nah vor mir das erste Röhren des Hirsches.

Erstaunlich leise ist das Rotwild herangezogen. Aus dem Buschsaum an der Schneise taucht jetzt der Kopf eines Alttiers auf. Kurz hebt es den Windfang und läßt die Lauscher spielen, dann schiebt es sich ganz aus dem Dickicht. Ein Kalb folgt und dann noch ein Schmaltier. Sie senken alle den Äser zum Gras am Schneisenrand, während ich noch etwas weiter in der Dickung das Anstreifen eines Geweihs an Blättern und Zweigen höre. Ein zweiter Brunftschrei erdröhnt, dann sehe ich den Hirsch aus einem Schilfhorst treten, dabei das lange, dunkle Geweih mit den blitzenden Enden nach hinten zurückgelegt. Eine großes Knäuel aus Blättern und Gras hat sich in den Geweihsprossen verfangen. Der Hirsch äugt die Schneise hinab, zieht dann kurz auf die Tiere zu, bleibt stehen und röhrt mit mächtigem Schrei, der hier in den Eichenwäldern lange nachhallt und eine urhafte Stimmung erzeugt.

Nur kurz halten sich die Tiere auf der Schneise auf, denn es locken sie die Maisfelder mit den reifen Kolben. Der Brunfthirsch folgt ihnen dichtauf, und noch lange höre ich sein Röhren in Abständen herüberklingen und immer leiser werden, je mehr sich der kleine Trupp entfernt. Indessen zieht wieder Wild vor mir heran.

Ein junger, ungerader Zehner mit kurzen Stangen taucht auf und sichert sehr, sehr vorsichtig auf der Schneise. Wahrscheinlich hat er mit dem alten Brunfthirsch unliebsame Bekanntschaft gemacht. Am Schneisenrand zieht er die frische Witterung des Wildes ein, hebt dann den Windfang und flehmt. Immer noch flehmend, schreitet er zu einer Wasserpfütze nur wenige Schritte vor mir. Ich wage kaum zu atmen, während er das Haupt zum Wasser senkt und in einem langen Zuge schöpft. Doch er hat mich nicht wahrgenommen und zieht still weiter. Noch zwei junge Hirsche, die ich in der Dunkelheit gerade noch erkennen kann, kommen eilig über die Schneise, dann ist es Nacht geworden. Als ich später unter glänzendem Sternenhimmel auf dem Dammweg an der ganzen Waldlinie entlang zurückwandere, höre ich das Röhren des alten Hirsches wieder innerhalb des Waldes, und ebenso die ganze Nacht hindurch vom Jagdhaus aus. Die Leute vom Dorf, die die Maisfelder nachts mit Feuern, Hunden und Klappern bewachen, haben also wieder einmal die Hirsche erfolgreich abgewehrt.

Jahre später erlebe ich die Hirschbrunft in einem außergewöhnlichen Gebiet: auf der Hebrideninsel Rhum vor der Westküste Schottlands, einem von Sturm und Regen zerzausten Gelände mit steilen Felswänden und heidebedeckten Berghängen. Ich untersuche das Brunftverhalten einer Population, die in den Hängen eines vier km langen Tals lebt und zur Äsung zum Talboden herabzieht und weiter talabwärts bis zum Strand des Ozeans. Von einem Felskopf am Ufer kann ich weit das Tal hinaufschauen, das sich in einer flachen Wiesenebene gegen das Meer hin öffnet.

Es geht auf den Höhepunkt der Brunft zu, als ich am Nachmittag, mit einem Landrover über Felspisten rumpelnd, zu meinem Beobachtungstal fahre und meinen Posten beziehe. Ein Dutzend Stück Kahlwild ist im Berghang schon hochgeworden und äst in der spärlichen Sonne auf einer grasdurchwachsenen Heidefläche. Zu meinen Füßen schlagen die Ozeanwellen gegen die bizarre Felsküste, daß die weiße Gischt hoch aufspritzt, doch in Höhe der Talmündung rollen sie auf einem weiten Stück flachen Sandstrandes aus. Dort sehe ich von Zeit zu Zeit die glatten Köpfe von einzelnen Kegelrobben im Wasser auftauchen. Mit schnittigem Flug sausen Baßtölpel vorüber, und aus der Felswand hinter mir klingen die Rufe eines Kolkraben.

Über einen km weit, oben im Tal, erkenne ich jetzt ein Rudel Rotwild, das dort herabgezogen ist, und bald hallt auch das Röhren eines Hirsches herüber, dessen Schall die ungestümen Windstöße verzerren. Auf ebenso große Entfernung kommt ein Rudel über den gegenüberliegenden Felsgrat gezogen. Jetzt, als die lange Dämmerung anfängt, legt sich der Wind, und ich kann nach und nach die Stimmen fünf verschiedener Brunfthirsche unterscheiden. Das Rudel vom Berggrat kommt bald näher und stellt sich auf einer Hangwiese ein. Ich zähle 37 Stück Kahlwild, bei denen sich noch ein Dutzend Junghirsche aufhalten. Bald erscheint auch der Platzhirsch, der zu meiner Überraschung sehr jung ist, etwa vom 6. Kopf. Seine Decke glänzt schwarz von einer Moorsuhle. Das zuerst gesehene Kahlwildrudel ist jetzt zum Talboden herabgekommen, bei ihm steht röhrend ein Zehner, etwa achtjährig. Das dauert jedoch nicht lange, denn das große Rudel vom oberen Tal rückt nach mit einem alten, reifen Zwölfer. Vor ihm weicht der jüngere nach kurzem Drohen aus, und der Zwölfer treibt das Kahlwild zu seinem Rudel hinüber. So kommt er mit einem vergrößerten Brunftrudel von 45 Stück Kahlwild bald bis zum Strand hinab, wo die Tiere in der Schwemmlinie nach Äsung suchen.

Ein tiefes Röhren am Berggrat läßt sich jetzt vernehmen. Ich erkenne mit dem Spektiv einen alten Zehner, der sich dem Rudel im Berghang nähert. Dessen junger Platzhirsch zieht dem offensichtlich Überlegenen, steifbeinig imponierend, entgegen. Wenige Meter vor ihm dreht er sich parallel zu ihm, doch da fährt der Alte auch schon blitzschnell mit dem Geweih herum. Ein kurzes Geweihkrachen, und mit einer einzigen Bewegung schleudert der alte Hirsch den Schwächeren zu Boden. Der springt schleunigst auf und hastet davon, während der Alte in unverändertem Tempo weiterzieht, als wäre nichts geschehen. Beim Rudel angekommen, röhrt er laut und mächtig. Das wirkt auf die Beihirsche, die bald gehörigen Abstand halten. Ein drittes, kleineres Rudel ist noch ins Tal dazugekommen. Den Platzhirsch kann ich in der tiefen Dämmerung nicht mehr ansprechen. Er hält das Rudel in wohlweislichem Abstand zu den zwei großen Brunftrudeln im Hang und am Strand. Auf engem Raum sind jetzt über 100 Stück Rotwild versammelt: die drei Brunftrudel mit Platzhirsch und dazwischen in den neutralen Zonen die Beihirsche. Die Platzhirsche stimmen ein gewaltiges Dreierkonzert an, umkreisen ihre Rudel unablässig und erlauben ihnen nicht, den anderen zu nahe zu kommen. Als ich nach dem Ansitz das Tal entlangfahre, höre ich weiter oben noch drei Hirsche röhren, die wohl je ein bis drei Tiere bei sich haben und festzuhalten versuchen.

In Deutschland hatte ich mir als Student die Stadt Göttingen als Studienort ausgesucht, weil mich die großen Hirschrudel in den prächtigen Eichenwäldern des nahegelegenen Reinhardswaldes begeistert hatten. Von der Stadt aus konnte man auch die umliegenden, herrlichen Rotwildgebiete im Solling und im Harz in kaum dreiviertel Stunden erreichen. So fuhr ich denn, so oft ich nur konnte, mitten aus dem Lärm der großen Stadt nach dem Betrieb in überfüllten Hörsälen und Kursräumen hinaus in die Stille der Wälder. Da ich bald die Einstände, Wechsel und Äsungsgebiete der Hirsche genau kannte, stand ich oft schon kurz nach meinem Eintreffen im Revier den Hirschen gegenüber. Welch ein Unterschied! Der Mißklang des Stadtlärms mit all seiner Unruhe und Hast und dann die erhabene Ruhe der Wildbahn, die stolze Gelassenheit der Hirsche, die wohltuenden Farben der braunroten Wildkörper vor dem Grün der Wiesen oder des Fichtenwaldsaums.

Zur Brunft ziehen die Hirsche dort mit dem Wildrudel abends auf Wiesen, Waldblößen oder Kahlschläge, wo sie die Nacht verbringen. Schon früh am Morgen wechseln sie in die Einstände zurück, wobei das Kahlwild häufig noch Zwischenäsungsgebiete ansteuert. Tagsüber sind die Hauptbrunftplätze leer, nur in lichteren Teilen der Einstände, in unregelmäßigen Verjüngungen oder auf völlig abgelegenen Waldblößen lassen sich Brunfthirsche mit Kahlwild beobachten. Ein Heer von Waldbesuchern und die ab September in auffälliger Weise einsetzende Revierbegehung durch Jäger zwingen das Rotwild ganz besonders zur Brunft zu scheuer Lebensweise. Nachts warten Wochenendtouristen in kilometerlangen Autoschlangen auf den Brunftschrei der Hirsche, in den Revieren ist oft ein Drittel aller Kanzeln durch Jäger besetzt, und tagsüber schleichen Ausflügler und Fotografen, einschließlich Familienanhangs, zu den Einständen. Es ist höchster Bewunderung wert, daß sich unser größtes Wild diesem Druck anzupassen vermag. Ob in den urhaften Walddickichten der jugoslawischen Donauauen, den kahlen, windumtosten Bergflächen Schottlands oder in den bedrängten Waldinseln unseres Industrielandes — es kann seinen Weg finden, sich zu ernähren, sich fortzupflanzen und zu gesunder Stärke heranzuwachsen.

Im waldbedeckten Gebiet Europas ist das Rotwild seit frühgeschichtlicher Zeit bodenständig gewesen. In den üppigen Laubwäldern vergangener Jahrhunderte sind stärkste Rothirsche herangewachsen. Von der Blütezeit jener Rotwildgebiete unter der Bejagung der Feudalherren künden die noch erhaltenen Kapitalgeweihe, denken wir etwa an die Sammlungen zu Schloß Erbach und Moritzburg. Der Rotwildbestand, ursprünglich im geschlossenen Waldgebiet von geringer Wilddichte, hat im Wechsel der Kriegs- und Friedenszeiten starke Schwankungen erlebt, ist aber im Laufe des letzten Jahrhunderts wie die meisten Schalenwildbestände allgemein angestiegen (MÜLLER-USING 1958). Diese generelle Feststellung gilt natürlich nicht für alle Gebiete. Zeitgenössische Jagdschilderungen aus dem 16. bis 18. Jahrhundert lassen für verschiedene deutsche Landschaften auf einen qualitativ wie quantitativ hohen Rotwildbestand schließen, wo heute kein Rotwild oder nur ein geringer Bestand mehr zu finden ist. Andererseits hat sich aber heute Rotwild auch in früher rotwildfreien Gebieten ausgebreitet.

In der Bundesrepublik werden gegenwärtig etwa 25—27 000 Stück Rotwild jährlich zum Abschuß gemeldet, der Gesamtbestand liegt etwa bei 95 000.

In Süddeutschland liegt das größte Rotwildvorkommen in den Bayerischen Alpen. Die Hirsche scheinen sich dort dem intensiven Tourismus anpassen zu können und lassen sich vielerorts vom Anblick der Ausflügler auf bestimmte Entfernung nicht mehr beunruhigen. In viel ausgeprägterer Form ist das von Rehen und Gemsen in den Alpenländern bekannt. Andere große Verbreitungsgebiete in Süddeutschland sind der Bayerische Wald, der Oberpfälzer Wald, das Fichtelgebirge und der nördliche Schwarzwald. Verbreitungsinseln gibt es im Alpenvorland und im Schönbuch bei Stuttgart.

Im deutschen Mittelgebirge ist der Rothirsch weit verbreitet. Diese Landschaft ist durch Täler und Verkehrswege reich gegliedert. Deshalb ist es für das Rotwildvorkommen hier charakteristisch, daß es sich vorwiegend jeweils auf die Zentren der einzelnen Mittelgebirgskomplexe beschränkt. Diese sind meistens geschlossen bewaldet und vom Menschen noch nicht so sehr berührt worden. In diesem Raum kommt Rotwild vor im Odenwald, im Pfälzer Wald, in der nördlichen Oberrheinebene, im Spessart, in der Rhön und in ihren Ausläufern, im Vogelsberg, im südlichen Taunus, im Hunsrück- und im Eifelgebiet. Im Westerwald liegen Verbreitungsinseln am Rhein und bei Montabaur. Nordöstlich davon liegt ein großes Verbreitungsgebiet im Siegerland, im Rothaargebirge mit seinen südlichen Ausläufern, im Sauerland und im Arnsberger Wald mit den sich in östlicher Richtung anschließenden Gebirgszügen bis hin zur Paderborner Senke. Südlich davon sind die hessischen Rotwildvorkommen in den Gebirgen um Marburg, so dem Kellerwald, der Breiten Struth, dem Burgwald und, nördlich davon, im Ederseegebiet zu nennen. Andere Rotwildgebiete liegen in den Gebirgen entlang der Fulda und der Weser bis hinauf zur westfälischen Pforte, im Teutoburger Wald und im Harz. Besonders auf die zwar kleinen, aber sehr wildreichen, gegatterten Wildschutzgebiete im Reinhardswald und südlich des Edersees möchte ich hinweisen.

In Norddeutschland finden wir Rotwild vor allem im nördlichen Niedersachsen, in der Lüneburger Heide, entlang der Elbe und in kleinen, aber qualitativ oft hochwertigen Beständen in Schleswig-Holstein.

Andere rotwildreiche Länder Europas sind vor allem Schottland mit einem Bestand von etwa 120 000 Stück, Österreich, Belgien, die Schweiz, die DDR und die östlichen Länder Polen, Tschechoslowakei, Ungarn, Jugoslawien und Rumänien. In Gefahr sind die geringen südeuropäischen Restbestände in Spanien und in Sardinien. Beschränkte Rotwildvorkommen haben Frankreich, Italien, Griechenland, die Niederlande und die skandinavischen Länder Norwegen und Schweden.

Der Status der verschiedenen deutschen und europäischen Rotwildbestände ist also sehr unterschiedlich und fast überall von der Auseinandersetzung mit zunehmender Bevölkerung und Industrialisierung gekennzeichnet. Diese führt im allgemeinen zu einer fortschreitenden Isolation der einzelnen Rotwildvorkommen und zu Bestandsveränderungen durch jagdliche Eingriffe (KLEYMANN 1976). Da aber in vielen Ländern aus wirtschaftlichen wie ideellen Gründen ein Rotwildbestand erhalten werden soll, wird dort der Hege und Bejagung großes Interesse entgegengebracht. Bisher wurde die Jagd überwiegend nach traditionellen Richtlinien durchgeführt. In jüngster Vergangenheit bemühen sich fortschrittliche Länder in zunehmendem Maße, der Bewirtschaftung wissenschaftliche Erkenntnisse zugrunde zu legen.

Die Familie der Hirsche

Der Rothirsch, wie wir ihn heute erleben, ist das Ergebnis einer außergewöhnlichen stammesgeschichtlichen Entwicklung. Sie ist von einer Vielfalt der Geweihformen und -größen besonders gekennzeichnet, die von den Vorfahren der Hirsche in der Auseinandersetzung mit ihrer Umwelt erprobt worden sind. Wenn wir etwas über die Biologie des Rothirsches erfahren wollen, müssen wir diese Entwicklung vor Augen haben und den Rothirsch vergleichend im Zusammenhang mit seinen nächsten Verwandten innerhalb der zoologischen Familie der Hirsche sehen.

Im zoologischen System stehen die Hirsche (*Cervidae*) in der Ordnung der Paarhufer (*Artiodactyla*), die zusammen mit den Unpaarhufern (*Perissodactyla*) in die Überordnung der Huftiere (*Ungulata*) eingereiht wird. Zu den Unpaarhufern gehören die Familien der Tapire, Nashörner und Pferde. Die Ordnung der Paarhufer wird in zwei Unterordnungen geteilt: in die Nichtwiederkäuer (*Nonruminantiae*) mit den Familien der Schweine und Flußpferde, und die Wiederkäuer (*Ruminantiae*). Hierher gehören die Hirsche zusammen mit den Familien der Giraffen, Rinder, Antilopen, Kamele und Lamas. Die Wiederkäuer teilt man in die Gruppen der Stirnwaffenträger (*Pecora*) und der Zwerghirsche (*Tragulida*) ein. Letztere sind eine kleine Gruppe tropischer Wiederkäuer ohne Stirnwaffen, während die Mehrzahl der Wiederkäuer zu den Stirnwaffenträgern gehört.

Die Stellung der Familie der Hirsche im zoologischen System sei durch die Übersicht auf Seite 19 verdeutlicht.

Wie diese kurze systematische Betrachtung zeigt, sind die Paarhufer eine vielgestaltige Ordnung, zu der sehr unterschiedliche Tiere gehören, denken wir etwa an die Gegensätze zwischen Flußpferden und Kamelen oder zwischen Giraffen und Schweinen. Dies deutet schon darauf hin, daß wir es mit einer gerade aufgeblühten Tiergruppe zu tun haben. Ihre Anfänge reichen bis zu jener Zeit zurück, als die Säugetiere die vorherrschenden Großtiere der Erde wurden. Das war etwa im frühen Tertiär vor 65 Millionen Jahren. Allen Paarhufern ist der Bau ihrer Extremitäten gemeinsam. Sie gehen auf den Spitzen der 3. und 4. Zehe, während die 2. und 5. Zehe zu den Afterklauen zurückgebildet sind. Der Daumen fehlt vollends. Diese Umwandlung von der fünffingrigen Greifhand zum paarigen Huf ist als eine Anpassung an schnelles Laufen zu verstehen. Das Körpergewicht ruht lediglich auf den beiden Zehenspitzen, die mit einer harten Hornscheide, dem Huf, umhüllt sind. Um den Fuß zu verstärken, sind die beiden Mittelfußknochen zu dem sogenannten Kanonenbein verschmolzen.

Damhirsch. Die stärksten Damwildbestände Deutschlands leben in der norddeutschen Tiefebene.

Sikahirsch. Asiatische Hirschart, stellenweise in Deutschland eingebürgert (Weserbergland, Sauerland, Schleswig-Holstein, Südbaden).

Chinesisches Wasserreh, eine kleine, geweihlose Hirschart mit hauerartigen Eckzähnen.

Muntjak, eine sehr kleine Hirschart mit kurzem Gabelgeweih und starken Eckzähnen.

Zur Kolbenzeit werden Streitigkeiten durch Schlagen mit den Vorderläufen ausgefochten.

Hirschrudel in der Fegezeit. Rechts noch ein Basthirsch, daneben ein Hirsch mit teilweise gefegtem Geweih, von dem die Bastfetzen herabhängen.

Die Stellung der Familie der Hirsche:

Stamm:	WIRBELTIERE *(Vertebrata)*			
Klasse:	SÄUGETIERE *(Mammalia)*			
Überordnung:	HUFTIERE *(Ungulata)*			
Ordnung:	Unpaarhufer *(Perissodactyla)*	PAARHUFER *(Artiodactyla)*		
Unterordnung:		Nichtwiederkäuer *(Nonruminantiae)*	WIEDERKÄUER *(Ruminantiae)*	
Teilordnung:			Zwerghirsche *(Tragulida)*	STIRNWAFFEN-TRÄGER *(Pecora)*
Familie:	Tapire Nashörner Pferde	Schweine Flußpferde		Giraffen Kamele Lamas Rinder Antilopen HIRSCHE

Die Wiederkäuer zeichnen sich durch eine besondere Anpassung im Bau des Magens aus. Beim Äsen gelangt die Nahrung zunächst in einen großen Vormagen, wird aber anschließend wieder hochgewürgt und ein zweites Mal durchgekaut, ehe sie in weiteren Magenabschnitten verdaut wird.

Die Stirnaufsätze der Wiederkäuer sind entweder Hörner oder Geweihe. Die Hörner bestehen aus einem Knochenzapfen mit einer Hornscheide. Sie sind einspitzig und werden nicht jährlich gewechselt. Eine Ausnahme hierzu bilden lediglich die amerikanischen Gabelböcke *(Antilocapridae)*, die alljährlich die den Knochenzapfen umgebende zweispitzige Hornscheide abwerfen und neu bilden. Geweihe bestehen dagegen aus Knochen und sind meistens mehrendig. Bei der Neubildung werden sie stark durchblutet und sind von einer schützenden Haut, dem Bast, umgeben. Nach beendetem Geweihwachstum trocknet die Basthaut ein und wird abgestreift. Alljährlich werden die Geweihe abgeworfen und neu gebildet.

Die Familie der Hirsche *(Cervidae)* umfaßt heute über fünfzig Arten, darunter kleine Formen wie Muntjak und Pudu mit kurzen Geweihstangen ebenso wie die großen Elche und Wapitis mit riesigen Schaufeln und verzweigten Geweihen. Die

Zoologen unterscheiden folgende sieben Unterfamilien der heute lebenden Hirsche: die Moschustiere (*Moschinae*), die Muntjakhirsche (*Muntiacinae*), die Echthirsche (*Cervinae*), die Wasserhirsche (*Hydropotinae*), die Trughirsche (*Odocoileinae*), die Elche (*Alcinae*) und die Rentiere (*Rangiferinae*). Diese werden nach dem Bau der Mittelhandknochen zwei verschiedenen Gruppen zugeordnet. Bei der ersten, den sogenannten *Telemetacarpalia*, sind von den zurückgebildeten Mittelhandknochen des 2. und 5. Fingers nur noch die unteren Enden erhalten geblieben. Bei der zweiten Gruppe, den *Plesiometacarpalia*, sind es dagegen die oberen Enden der Mittelhandknochen. Zu den telemetacarpalen Hirschen gehören die Trughirsche, die Wasserhirsche, die Elche und die Rentiere, zu den plesiometacarpalen die Muntjak- und die Echthirsche. Die beiden Gruppen unterscheiden sich auch hinsichtlich ihrer Verbreitung. Die telemetacarpalen Hirsche leben in der Neuen Welt mit Ausnahme von Reh, Elch und Rentier. Die plesiometacarpalen Hirsche sind auf die Alte Welt beschränkt mit Ausnahme des Wapiti, der in Nordamerika vorkommt. Der Rothirsch gehört zur Unterfamilie der Echthirsche, von denen wir in Deutschland noch den Damhirsch (*Dama dama*) und mancherorts den Sikahirsch (*Cervus nippon*) finden. Er ist also ein plesiometacarpaler Hirsch. Im Gegensatz dazu ist die populärste einheimische Hirschart, das Reh (*Capreolus capreolus* L.), ein telemetacarpaler Hirsch und gehört zur Unterfamilie der Trughirsche. Der Rothirsch hat den wissenschaftlichen Namen *Cervus elaphus* LINNÉ, der ihm von dem Begründer der biologischen Nomenklatur, Carl von Linné, gegeben wurde. Seine Stellung innerhalb der Hirschfamilie soll hier noch einmal skizziert werden:

Familie:	HIRSCHE (*Cervidae*)	
Gruppe:	Neuwelthirsche (*Telemetacarpalia*)	ALTWELTHIRSCHE (*Plesiometacarpalia*)
Unterfamilie:	Wasserhirsche (*Hydropotinae*) Trughirsche (*Odocoileinae*) Elche (*Alcinae*) Rentiere (*Rangiferinae*)	Moschustiere (*Moschinae*) Muntjakhirsche (*Muntiacinae*) ECHTHIRSCHE (*Cervinae*)
Art:		ROTHIRSCH (*Cervus elaphus* L.)

Das Ursprungsgebiet der Hirsche müssen wir in Zentralasien suchen. Von dort breiteten sie sich aus, und zwar in westlicher Richtung bis Westeuropa und in den Mittelmeerraum, nördlich bis zu den euroasiatischen Tundrengebieten, südlich bis Kleinasien, Indien, Hinterindien und ins hinterindische Inselgebiet, östlich bis China, Japan und schließlich nordöstlich über die Beringstraße bis nach Nordamerika. Von dort drangen Hirsche der telemetacarpalen Gruppe weiter südlich bis Südamerika vor. Dabei machten sie eine rückläufige Entwicklung in Körper- und Geweihgröße durch, so daß wir in jenem Raum heute extrem kleine Formen mit kurzen Spießgeweihen vorfinden, die an die Ursprungsformen erinnern.

Diese den Hirschvorfahren noch sehr ähnlichen Arten verdienen besonderes Interesse, weil viele Rätsel um die Lebensweise unseres Rothirsches nur geklärt werden können, wenn wir ihnen bis zu ihrem naturgeschichtlichen Ursprung nachspüren. So haben z. B. die rezenten Primitivformen Wasserreh und Muntjak noch zu beachtlichen Waffen ausgebildete Eckzähne im Oberkiefer, mit denen sie gegen Rivalen und Feinde kämpfen. Beim Muntjak werden nur diese zu Entscheidungskämpfen gegen Rivalen und zur Verteidigung gegen Feinde eingesetzt, während er sein Geweih lediglich für unbedeutende, innerartliche Auseinandersetzungen gebraucht (DUBOST 1971). Vor dem Kampf mit den Eckzähnen erhebt er in einer Drohstellung das Haupt und weist sie dem Gegner vor. Beim heute lebenden Rothirsch ist oft das gleiche Verhalten zu beobachten, obwohl dessen obere Eckzähne zu den kleinen Grandeln zurückgebildet sind, die vom Jäger als Schmuck getragen werden. Es müßte uns rätselhaft bleiben, könnten wir nicht die Entwicklungsreihe der Hirsche einigermaßen rekonstruieren und durch Vergleich zwischen Hirschvorfahren und rezenten Primitivhirschen erschließen, wie ein Organ oder eine angeborene Verhaltensweise entstanden und wieder verschwunden ist.

Jagdliche und biologische Fachsprache

Im Zuge jahrhundertealter Jagdtradition ist um den Rothirsch eine bildhaft treffende Fachsprache entstanden. Sie wird von Jägern, Förstern und Wildfreunden gleicherweise gepflegt und hat mit etwas weniger Glück auch Eingang in wissenschaftliche Kreise gefunden (MÜLLER-USING 1959). Ihre Kenntnis ist in Deutschland für jeden unerläßlich, der sich mit Rotwild beschäftigt. Sie gehört auch zum Rüstzeug einer biologischen Betrachtung, enthält sie doch über das Wild und seine Lebensweise eine Fülle wertvoller Informationen.

Eine gänzlich andere Natur hat die biologische Fachsprache. Sie ist nur einem sehr viel kleineren Kreis zugänglich und bezeichnet Gegenstände aus dem komplizierten Bereich der wissenschaftlichen Forschung. Sie ist durchaus nicht allgemein verständlich. Es entspricht aber der Tendenz zur Verständigung in diesem Büchlein, daß ich hier versuche, nützliche biologische Fachausdrücke anzuwenden und zu erklären. Bei der Betrachtung moderner, wissenschaftlicher Erkenntnisse ist nun einmal mit der Jägersprache allein nicht immer auszukommen. Ich will also keinesfalls die weitaus geläufigeren und beliebteren Jagdausdrücke durch unschöne Gelehrtenwörter ersetzen, sondern mit der biologischen Fachsprache dort anknüpfen, wo die Jägersprache aufhört.

Der Jäger nennt die Tierart Rothirsch *Rotwild* oder auch *Edelwild*. Den weiblichen *Rottieren, Stücken, Tieren* oder dem *Kahlwild* stellt er die männlichen *Hirsche* oder *Geweihten* gegenüber. Diese stehen in einem *Hirschrudel* oder *Hirschtrupp* zusammen, während die Rottiere mit ihren Kälbern ein *Kahlwildrudel*, ein *Rudel*, ein *Wildrudel* oder *Mutterwildrudel* bilden. Es wird von einem *Leittier* angeführt. Die Tiere eines Kahlwildrudels sind entweder *Alttiere*, wenn sie schon ein *Kalb* gesetzt haben, *Schmaltiere*, wenn sie einjährig sind und noch im zweiten Lebensjahr stehen, oder *Kälber*, solange sie im ersten Lebensjahr sind. Hat das Alttier ein Kalb bei sich, so ist es ein *führendes* Alttier. Setzt es lange kein Kalb mehr, so ist es *gelt*, es heißt *Gelttier*. Die Paarungszeit wird *Brunftzeit* genannt. Über die Hälfte der Schmaltiere paart sich, sie *wird beschlagen*. Sie *setzen* dann nach Vollendung des zweiten Lebensjahres ein Kalb. Sind sie nicht beschlagen worden, so heißen sie im dritten Lebensjahr *übergehendes Schmaltier* oder *Übergehendtier*. Die weiblichen Kälber heißen *Wildkälber*, die männlichen *Hirschkälber*.

Beim Kahlwildrudel stehen häufig noch die einjährigen Hirsche. Sie tragen dann einspitzige Geweihstangen, *die Spieße*, und heißen *Spießer* oder *Schmalspießer*. Sie sind Hirsche *vom 1. Kopf*, also einjährig und im zweiten Lebensjahr stehend. Im folgenden Jahr sind sie zweijährig oder *vom 2. Kopf* usw. Sie tragen dann meist schon ein Geweih von sechs Enden, seltener nur (zweiendige) Gabelstangen oder sogar wieder Spieße. Je nach Geweihentwicklung wird der Hirsch in den folgenden Jahren zum Sechser, Achter, Zehner, Zwölfer usw. Dabei zählt man immer die Enden der Geweihstange mit den meisten Enden und verdoppelt diese. Hat eine Stange weniger Enden als die andere, so ist die Endenzahl *ungerade*, bei gleicher Endenzahl jeder Stange *gerade*. (Ein *gerader Zwölfer* hat also an jeder Geweihstange sechs Enden, ein *ungerader Zwölfer* hat an einer Stange sechs Enden und an der anderen z. B. nur fünf oder vier.)

Das Geweih besteht aus der *Stange* mit den *Sprossen* oder *Enden*. Die Basis der Geweihstange ist von einem Knochenkranz, der *Rose*, umgeben. Die Stange sitzt am Schädel auf dem *Rosenstock* (Stirnbeinzapfen). An Stangen und Sprossen sind *Perlen* und *Furchen* ausgebildet. Die erste, über die Stirn abzweigende Sprosse ist die *Augsprosse*, die zweite die *Eissprosse* und die dritte die *Mittelsprosse*. Die höher abzweigenden Enden bilden die *Krone*, wenn mindestens drei Enden vorhanden sind. Das kann bei nur einer Stange oder auch bei beiden der Fall sein, der Hirsch heißt je nachdem *einseitiger* oder *doppelseitiger* Kronenhirsch. Bei manchen Hirschen fehlt die Eissprosse. Dann spricht man im Fall z. B. des Zehners vom *Kronenzehner*. Seine Geweihstangen haben also Augsprossen, Mittelsprossen und drei Kronenenden. Beim *Eissprossenzehner* dagegen ist an der Stange die Eissprosse vorhanden, doch es folgen über der Mittelsprosse nur noch zwei Enden, die eine *Gabel* bilden. Ein *ungerader Eissprossenzehner* hat an einer Stange fünf Enden, an der anderen höchstens vier, die Eissprosse ist vorhanden.

Der *Kopf* oder das *Haupt* des Rotwildes ist länglich geformt. Die Augen werden *Lichter* genannt, die Nase *Windfang*, das Maul *Geäse* oder *Äser* und die Ohren *Lauscher* oder *Luser*. Der Rothirsch *äugt*, wenn er sieht, er *windet*, wenn er riecht, er *äst* die *Äsung* und *vernimmt* die Geräusche. Der Hals wird *Träger* genannt. Der Hirsch hat dort zur Brunft den *Brunftkragen* oder die *Mähne*. Der auf den Vorderbeinen, den *Vorderläufen*, ruhende Körperteil von den ersten drei Rippen bis zum Halsansatz heißt *Vorschlag*. Er ist beim alten Hirsch besonders massig oder *stark*. An den *Läufen* sitzen die *Schalen*, die Hufe. Die Afterzehen heißen *Geäfter* oder *Oberrücken*. Der Schwanz wird *Wedel* genannt. Er hängt über das hellere Hinterteil der *Keulen*, den *Spiegel*, herab. Der After heißt *Weidloch*, das männliche Geschlechtsglied *Brunftrute*, das weibliche ist das *Feuchtblatt*.

Abends *zieht* das Wild aus dem *Einstand* zur Äsung. Es *sichert* nach Feinden, *wirft auf*, wenn es den Kopf hebt und *ist vertraut*, wenn es nicht gestört wird. Auf dem *Wechsel*, dem Wildpfad, tritt es zur Äsung aus. Es *verhofft* beim *Wechseln*, wenn es etwas Verdächtiges *wittert*, *eräugt* oder vernimmt. Es setzt mit einer *Flucht* über einen Graben oder es *überfällt* ihn. Es wird *flüchtig*, wenn es erschreckt wird. Es *trollt*, wenn es nach der Flucht langsamer wird und trabt. Bevor sich das Rotwild zur Ruhe *niedertut*, scharrt es sich ein *Lager* oder *Bett*, es *plätzt*. Nachdem es wieder *hochgeworden* ist, *löst* es sich, wenn es Kot ausscheidet, es *näßt*, wenn es harnt. Es glättet sich mit dem *Lecker*, der Zunge, das Fell oder die *Decke*. Es nimmt eine *Suhle an*, wenn es ein Schlammbad aufsucht. Dort *suhlt* es sich. Danach *schlägt* der Hirsch häufig mit dem Geweih in Äste und Zweige. Im Sommer ist der Hirsch durch reiche Äsung *feist* geworden, er ist in der *Feiste* oder *Feistzeit*. Zur Brunftzeit *sucht* er Kahlwild. Er stellt sich zum Wildrudel als *Platzhirsch* und hält jüngere *Beihirsche* vom *Brunftrudel* fern. Er läßt seinen *Brunftschrei* hören, er *röhrt*, *orgelt* oder *meldet*. Er verfolgt das Kahlwild zur Brunft durch *Treiben*. Ist ein Tier *brunftig*, so begattet oder *beschlägt* er es. Windet er die *Brunftwittrung*, so *flehmt* er. Mit Nebenbuhlern fechtet er den *Brunftkampf* aus. Der Sieger *schlägt* den Unterlegenen *ab*. Wird einer der Rivalen mit dem Geweih verwundet, so ist er *geforkelt* worden. Nach der Brunft sind die Hirsche *brunftmüde*. Sie haben an Körpergewicht verloren, sie sind *abgekommen* und *wandern* von den *Brunftplätzen* ab.

Der Rotwildjäger hat es im Wesentlichen nur mit »seinem« Hochwild und mit wenigen anderen Wildarten zu tun. Er konzentriert sich ganz auf den Hirsch, dem er unzählige Stunden in Jagd- und Hegepraxis widmet, und gewinnt so oft ein stark eingeprägtes, persönliches Verhältnis zum Rotwild. Genau so ist es auch, wenn man sich in biologischer Forschung mit dem Rothirsch auseinandersetzt, doch wird dieses Tun durch ein entscheidendes Charakteristikum biologischer Arbeit erweitert. Die »Wissenschaft vom Leben« wird nämlich zum großen Teil vom Vergleich der einzelnen Arten getragen, seien es nun Tiere oder Pflanzen. Man spricht z. B. von »Vergleichender Anatomie«, »Vergleichender Physiologie« und »Vergleichender Verhaltensforschung«. Durch vergleichende Untersuchungen gelingt es erst, Entwicklungsreihen der Organismen aufzustellen und so die Stellung einer einzigen Tier- oder Pflanzenart im gesamten Reich der Lebewesen zu erfassen. Es ist eines der Hauptziele solcher Forschungsdisziplinen, diese Stellung einer Art im gesamten System genau und nach vielen Gesichtspunkten herauszuarbeiten. Auf dieses Ziel werde ich in den Spezialkapiteln noch oft zurückkommen. Man kann sich vorstellen, daß man bei vergleichender Arbeit mit vielen Tierarten Gemeinsamkeiten findet, für die man auch gemeinsame Namen geben sollte. Davon möchte ich nun einige vorstellen, soweit sie für die Kenntnis des Rothirsches bedeutsam sind.

Der Zoologe spricht bei einem Rudel von ausschließlich männlichen Tieren einer Art von einem *Junggesellenverband*. Diese Form des sozialen Zusammenschlusses ist bei vielen Großtieren zu finden, bei Huftieren z. B. bei Antilopen und bei Pferden. Sie weist darauf hin, daß eine nach Geschlechtern getrennte Lebensweise geführt wird, und birgt stets das Problem in sich, erwachsene männliche und weibliche Tiere zur Paarungszeit zusammenzubringen. Die Weibchen leben dann meist in Rudeln zusammen, die aus *Mutterfamilien* bestehen. Wie der Name sagt, sind das Muttertiere mit ihren Jungtieren und häufig noch den vorletzten oder gar früheren Nachkommen. Beim Rotwild beobachten wir oft die Dreiergruppe Alttier, Schmaltier, Kalb, das sogenannte *Gynopädium*. Wenn wir ein Kahlwildrudel vor uns haben, so ist das also eine in mehrere Mutterfamilien gegliederte, größere Einheit, aber nicht eine in sich einheitliche Gruppe.

In den Mutterfamilien der Kahlwildrudel sind oft auch noch die Schmalspießer, also die einjährigen Hirsche, zu sehen, seltener schon die zweijährigen Hirsche. Die Mutterbindung ist also bei den weiblichen Tieren sehr viel stärker als bei den Hirschen und läßt mit zunehmendem Alter der Jungtiere nach. Zwischen Säugling und Mutter besteht eine sehr enge Bindung, obwohl frisch gesetzte Kälber nach einer langen Tragzeit körperlich vollkommen ausgereift sind. Zoologisch gehören die Hirsche somit in die Gruppe der *Sekundären Nestflüchter*, denen die meisten Huftiere zugeordnet werden. Sie unterscheiden sich von den *Primären Nestflüchtern* (einige Vogelfamilien) durch eine geringere Anzahl der Jungtiere und sorgsamere Betreuung nach der Geburt.

Das unterschiedliche Verhalten von Hirschen und Kahlwild steht im Zusammenhang mit ihrem verschiedenartigen Bau, mit dem *sekundären Geschlechtsdimorphismus*. Wie bei vielen Säugern, insbesondere bei Huftieren, sind die männlichen Tiere größer als die weiblichen. Bei den geweihtragenden Hirschen kommt als zweiter wichtiger Unterschied das Fehlen des Geweihs beim Kahlwild hinzu. Die einzige Ausnahme bildet das Rentier, dessen weibliche Tiere ebenfalls Geweihe haben. Das Geweih dient dem *Rivalenkampf*, insbesondere zur Brunftzeit. Es ist aber von einer reinen Kampfwaffe weiterentwickelt worden und übt beim Rothirsch durch Bau und Verzweigung die Funktion aus, die beiden Kämpfenden zu fixieren. Sie messen ihre Kräfte, indem sie sich mit ineinandergelegten Geweihen frontal gegeneinander stemmen. So wird eine biologisch unsinnige Verletzung oder gar Tötung ausgereifter Hirsche größtenteils vermieden. Aus dem *Beschädigungskampf* ist ein *Kommentkampf* geworden, ein Messen der Kräfte nach genau festgelegten Regeln, wie wir später noch genauer sehen werden. Doch behauptet sich der Stärkere, für die Fortpflanzung wertvollere Hirsch, während sich der Schwächere nach dem Kampf zurückzieht. So wird eine positive Auslese, eine *Selektion*, erreicht.

Die Hirsch- und Kahlwildrudel könnten in einer oft feindlichen Umwelt nicht bestehen, wenn die Beziehungen der Tiere untereinander nicht sorgfältig geregelt wären, und wenn sie nicht mit einem hochentwickelten Verhalten auf alle Umwelteinflüsse reagieren würden. Neben einer reichen Skala *angeborener Verhaltensweisen* sind Rothirsche zu beachtlichen *Lernvorgängen* fähig. Das angeborene Verhalten besteht aus *Instinkthandlungen*, die sich ihrerseits wieder aus einer

Instinktbewegung und aus einer richtenden, orientierenden Bewegung zusammensetzen. Wenn ein Alttier auf einer Wiese äst und durch ein verdächtiges Geräusch erschreckt wird, so wirft es auf, stellt die Lauscher zum Vernehmen steil auf, hebt noch etwas den Windfang und saugt mit bewegten Nüstern die Luft ein. Dieses Verhalten ist allen Rothirschen angeboren, es läuft in immer derselben Weise ab, es ist *artspezifisch*. Es ist genetisch festgelegt wie irgendein Organ oder ein Körperteil; der Zoologe spricht auch von einer *erbkoordinierten Bewegung*. Nun nimmt das Alttier aber vielleicht auch ungefähr die Quelle der Störung wahr. Es dreht seinen Kopf und mitunter auch noch seinen Körper genau in die Richtung der Störung, um den Feind auszumachen. Dieses richtende Verhalten, die sogenannte *Taxiskomponente*, ergänzt die Instinktbewegung und macht die Instinkthandlung erst wirksam. Eräugt das Alttier nun tatsächlich einen Menschen, so wirft es sich herum und stürmt in schneller Flucht davon. Die Richtung, in der es am schnellsten der Gefahr entkommen kann, hat es im Laufe der Jahre gelernt. Durch *Gewöhnung* und *Übung* kennt es genau den Verlauf der Wechsel oder es bringt sich gradlinig schnell in die Sicherheit der nächsten Dickung. War die Ursache der Störung jedoch harmlos, so senkt es nach dem Aufwerfen wieder das Haupt und äst weiter. Durch *Assoziation* mit den Begleit- und Folgeerscheinungen einer Sinneswahrnehmung hat es gelernt, gefährliche und ungefährliche Eindrücke zu unterscheiden. Diese Art des Lernens geht durch *bedingte Reflexe* vor sich. Durch eine erneute Störung ist das Alttier jetzt wohl wieder zum Sichern zu veranlassen, doch wird die Dauer des Sicherns immer kürzer, und schließlich wirft es nicht einmal mehr auf. Die Instinktbewegung ist also ermüdbar, das Verhalten ist *adaptiert*.

Doch kehren wir zu unserem Alttier zurück und stellen uns jetzt vor, daß es als Leittier zusammen mit einem Kahlwildrudel auf der Wiese äst. Auf sein Aufwerfen hin sichern noch drei, vier andere Tiere. Die Richtung der Störung haben sie noch nicht mitbekommen, doch jetzt sehen sie, wie das Leittier auf eine bestimmte Stelle am Waldrand zurückäugt und drehen das Haupt hinüber. Noch einige Tiere, sogar Kälber, werfen auf, und schließlich sichert das gesamte Rudel. Doch das Leittier beruhigt sich wieder, es senkt den Kopf, wirft noch einmal kurz auf, dann äst es weiter. Die anderen Tiere folgen seinem Beispiel, eines nach dem anderen. Die Bewegung des Kopfsenkens breitet sich im Rudelverband aus, bis alle Tiere äsen. Wie beim Aufwerfen haben sich die Tiere gegenseitig in ihrem Verhalten angesteckt, eines ahmt die Reaktion des andern nach, wir sprechen von einer *Sozialimitation*. Besonders die Verhaltensweisen des Sicherns und der Flucht wirken in Hirschrudeln stark ansteckend. Blitzschnell flüchtet das gesamte Rudel einheitlich in eine Richtung hinter dem Leittier her, dessen Verhalten alle Tiere im selben Augenblick einnehmen. So wird eine *Verhaltenssynchronisation* erreicht, die schnelles, gemeinsames und gleichgerichtetes Handeln ermöglicht. Wie wichtig dies für den Rothirsch ist, wird jedem verständlich, der große Rudel bis zu hundert oder gar noch mehr Tieren auf der Flucht vor Gefahr gesehen hat.

Es würde hier zu weit führen, auf eine kurze Skizze der Jägersprache ein zoologisches Wörterbuch folgen zu lassen. Wissenschaftliche Fachausdrücke können nicht wie Vokabeln übersetzt werden, sondern müssen im Rahmen einer allgemein verständlichen, biologischen Schilderung begreiflich gemacht werden. Das aber ist in den folgenden Kapiteln beabsichtigt, die sich jeweils mit einem bestimmten Aspekt in der Biologie des Rothirsches befassen. Dieses Vorhaben hat zum Ziel, über den besonderen Charakter des Rothirsches hinaus den Blick für Entwicklungsvorgänge und Zusammenhänge in einem größeren Ganzen, in der Familie der Hirsche, der Ordnung der Huftiere oder dem Stamm der Wirbeltiere schlechthin zu öffnen.

Gestalt und Bewegung

Der Rothirsch ist gegenwärtig das größte Wildtier im mitteleuropäischen Raum. Seine Körperhaltung ist aufrecht. Haupt und Geweih werden hoch getragen. Die Hauptlast des Körpers ruht auf den kräftigen, gestreckten Vorderläufen. Körperbau, Verhalten und das reich verzweigte, hochgestellte Geweih kennzeichnen den Rothirsch ursprünglich als einen Bewohner der offenen Landschaft, in deren Raum er sich frei bewegte, obwohl wir ihn heute vorwiegend in waldreichen Gebieten finden. Das unterscheidet ihn von den Hirscharten dichter Waldgebiete und hat wichtige Konsequenzen, wie im Verlauf des Kapitels noch zu sehen ist. Die gesamte Vielfalt der Gestalt und Bewegungsweisen kann nur in Einheit mit ihrer Funktion verstanden werden und soll in den folgenden Kapiteln zur Sprache kommen. Hier möchte ich einige grundlegende Informationen über Körpermaße und -gewichte, Färbung und Fortbewegung in zusammenhängender Betrachtung mit anderen Hirscharten geben.

Körpermaße und -gewichte sind gebietsweise sehr verschieden, was letztlich auf die unterschiedlichen Umwelteinflüsse zurückzuführen ist. Die Körpermaße nehmen allgemein zu, je weiter wir von West- und Nordwesteuropa nach Ost- und Südosteuropa kommen. Das ist etwa die Richtung, die der Abnahme der Jahresdurchschnittstemperatur und gleichzeitig dem Übergang vom ozeanischen zum kontinentalen Klima in Europa folgt. Diese Beobachtung stimmt mit der Bergmannschen Regel überein: warmblütige Tiere einer Art sind in kälterem Klima durchschnittlich größer. Für diese Feststellung gibt es physiologische Ursachen, die mit dem Wärmehaushalt der Tiere zusammenhängen.

In Mitteleuropa hat der ausgewachsene Rothirsch eine Körperlänge von durchschnittlich 200—220 cm, wobei von der Spitze des Windfangs bis zur Spitze des Wedels gemessen wurde. Die Schwankungen in den verschiedenen Gebieten bewegen sich aber zwischen 180 und 250 cm. Dabei entfallen 12—15 cm auf die

Tabelle 1: Körpermaße von Hirscharten

	Körperlänge (cm)	Schulterhöhe (cm)
Rothirsch	180—250	120—150
Damhirsch	130—160	85—110
Sikahirsch	110—130	80—85
Reh	95—135	65—75

Länge des Wedels. Die Schulterhöhe beträgt zwischen 120 und 150 cm. Es interessiert ein Vergleich mit den übrigen in Deutschland lebenden Hirscharten, deren Körpermaße von ausgewachsenen männlichen Tieren hier in einer Tabelle (1) zusammengestellt seien.
Über das Körpergewicht des Rothirsches liegen genauere Informationen durch Untersuchungen von BIEGER (1941) und DAUSTER (1940) vor. Die aufschlußreichen Wägungen von ca. 4000 Stück Rotwild durch BIEGER in verschiedensten Teilen des ehemaligen Deutschen Reichsgebietes spiegeln die anfangs gemachte Feststellung der Bergmannschen Regel wider (Tab. 2).

Tabelle 2: Wildbretgewichte des deutschen Rotwildes. Nach BIEGER (1941)

Land	Hirsche jagdb. kg	geringe kg	Alttiere kg	Schmaltiere kg	Kälber kg
Ostpreußen	149,8	106,7	84,9	63,3	41,0
Pommern	125,2	97,2	74,3	61,9	39,9
Mecklenburg	120,6	83,0	69,1	49,9	38,8
Brandenburg	113,4	91,9	69,3	56,7	39,4
Schlesien	118,2	84,9	71,6	52,3	35,9
Staat Sachsen	115,3	75,5	70,1	54,3	29,3
Prov. Sachsen	104,5	81,5	62,6	53,1	34,1
Westfalen	100,6	81,1	59,2	44,7	32,2
Rheinland	111,4	70,1	60,0	47,3	32,5
Bayern	104,8	76,4	60,8	42,6	33,6

Wie in der Tabelle zu sehen ist, können ostdeutsche Hirsche Durchschnittsgewichte erreichen, die bis zu ca. 30% höher liegen als die der west- und nordwestdeutschen. Auch beim Kahlwild sind ähnliche Unterschiede festzustellen.
Wie nimmt das Körpergewicht des Rothirsches mit dem Alter zu? Dieser Frage widmete DAUSTER seine Untersuchungen an nahezu 3000 Stück Rotwild in verschiedenen Landesteilen: im Harz, im Reinhardswald und in Westfalen. Das Ergebnis sei hier auszugsweise in einer Übersicht wiedergegeben (Tab. 3).
Es läßt sich verfolgen, wie der einjährige Hirsch im Laufe der nächsten Jahre bis etwa zum 7. Lebensjahr sein Körpergewicht verdoppelt, und wie dann die Gewichtsentwicklung nahezu zum Stillstand kommt. Je jünger der Hirsch ist, um so rascher schreitet die Körperentwicklung fort. Sie ist etwa mit dem 7.–8. Jahr größtenteils abgeschlossen. Beim Kahlwild ist die Anfangsentwicklung noch schnel-

Tabelle 3: Gewichtsentwicklung des Rotwildes. Nach DAUSTER (1940)

Alter	Hirsche Durchschnittsgewicht kg	Kahlwild Durchschnittsgewicht kg
1	52,5	41,2
2	68,5	49,5
3	79,1	53,3
4	87,8	60,9
5	96,7	60,6
6	99,3	63,5
7	102,8	64,6
8	102,3	67,8
9	105,2	59,0
10 und mehr Jahre	102,4	60,5

ler. Bereits im zweiten Jahr sind nahezu $^2/_3$ des Körpergewichts ausgewachsener Tiere erreicht. Schon im 5. Jahr ist die Körperentwicklung größtenteils beendet.

Vergleichen wir die Ergebnisse DAUSTERS mit einer Untersuchung UECKERMANNS (1960) an 1100 Stück Rotwild in Nordrhein-Westfalen. Ich wähle hier nur die Durchschnittsgewichte aus und vereinfache die Tabelle zum besseren Vergleich mit den anderen Übersichten (Tab. 4).

Tabelle 4: Gewichtsentwicklung in Nordrhein-Westfalen. Nach UECKERMANN (1960)

Altersstufe	Hirsche (kg)	Altersstufe	Kahlwild (kg)
Hirschkälber	37,1	Wildkälber	33,5
Hirsche 1—4jährig	69,7	Schmaltiere	50,4
Hirsche 5jährig und älter	109,4	Alttiere	63,6

Übereinstimmend mit DAUSTER ist das schnellere Wachstum beim Kahlwild zu beobachten. Allerdings ist zu berücksichtigen, daß unter der Kategorie »Alttiere« bereits 2- bis 4jährige Tiere mitgezählt sind, die natürlich noch nicht ausgewachsen sein können. Die Gruppe der über 4jährigen Hirsche ist noch einmal um ca. 40% schwerer als die der 1—4jährigen. Es fällt das im Vergleich zu den Rotwildgewichten DAUSTERS höhere Durchschnittsgewicht der älteren Hirsche auf. Es ist darauf zurückzuführen, daß bei DAUSTERS Untersuchungen die Rotwildgebiete Harz und Reinhardswald mit eingeschlossen waren, in denen die Hirsche durchschnittlich nicht so schwer werden wie in den westfälischen Revieren.

Das Rotwild hat seinen Namen von der rötlich-braunen Farbe seines Sommerhaars. Im frühen Herbst brechen die längeren, spröderen Winterhaare durch, nach und nach nimmt die Decke des Rotwildes eine graubraune Grundfarbe an. Dieser Herbsthaarwechsel ist etwa Mitte Oktober abgeschlossen. Hierbei ist zu bemerken, daß die jüngeren Tiere etwa zwei Wochen früher verfärben als die älteren. Viel auffälliger geht der Frühjahrshaarwechsel vor sich, bei dem große Flocken des langen, jetzt schon mehr grauen, verblaßten Winterhaares ausfallen. Zuerst am Träger und am Vorderkörper schimmern die noch kurzen, rötlichen Sommerhaare durch. Der Frühjahrshaarwechsel beginnt gegen Ende April, ist im Mai am auffälligsten und kann bis in die zweite Junihälfte hinein andauern. Die Kälber haben die bräunliche Sommerdecke mit dichten, weißen Fleckenreihen. Diese Flecken verblassen bis etwa Ende August. Wenige Wochen später tragen die Kälber die Winterdecke, wobei die Hirschkälber am Träger stärker behaart sind als die Wildkälber, so daß man nun die Geschlechter unterscheiden kann.

Gelegentlich kommen beim Rotwild Farbvarianten vor. Es neigt mancherorts zur Bildung einer weißen Blesse, die sich vom Windfang in einem breiten Streifen zwischen den Lichtern hindurch bis zwischen die Lauscher erstreckt. Die Nüstern sind dann oft hellrosa gefärbt. Im nördlichen Reinhardswald habe ich gelegentlich völlig weiße Rottiere beobachtet. Sie hielten sich in Rudeln normal gefärbter Tiere auf. Hin und wieder sieht man auch Rotwild mit weißen Fesseln, oft in Verbindung mit einer Blesse.

Man sagt diesen abnorm gefärbten Tieren eine andersartige Lebensweise nach, was sich jedoch keineswegs häufig bestätigen läßt. Ein auffälliges Phänomen konnte ich 1965 im Woburn Park beobachten. Dort hielt sich ein hell-fahlbraun gefärbter Rothirsch mit weißer Blesse auf, ein Zwölfer etwa vom 7. Kopf. Er lebte ganzjährig inmitten der großen Rudel von Davidshirschen, deren Decke die gleiche Grundfarbe hat! Nur zur Brunft sonderte sich dieser Hirsch von dem andersartigen Rudel ab und stellte sich als Platzhirsch zu den Rotwildrudeln. Doch gelang es ihm wegen der vielen kapitalen Geweihten, höchstens ein paar Stück Kahlwild für ein paar Tage auf die Seite zu treiben. Leider konnte ich nichts über sein Verhalten im Juli zur Zeit der Davidshirschbrunft erfahren, und ich habe in zwei Monaten Beobachtungszeit nicht gesehen, daß er irgendwann einmal von Rothirschen abgeschlagen worden wäre.

In Deutschland besteht eine allgemeine Abneigung gegen anormal gefärbte Sonderlinge, die meistens schnell zum Abschuß freigegeben werden. Die Gründe hierfür sind verständlich, will man doch im Rotwildrevier die artspezifisch normal und voll ausgefärbten Wildtiere erhalten. Doch andererseits berauben wir uns so der wenigen Chancen, bestimmte Tiere über viele Jahre hinweg mit Sicherheit immer wieder erkennen zu können, was auch in Einzelfällen wertvolle Hinweise gibt.

Das Rotwild gehört seinem Körperbau und Verhalten nach zu dem Läufertypus. Die waagrecht liegende Wirbelsäule ist gerade gestreckt, und die ebenfalls geraden Hinterläufe drehen sich im Hüftgelenk. So treiben sie wie ein gerader Hebel bei der Fortbewegung den Körper vorwärts. Im Gegensatz dazu steht der sogenannte Schlüpfertypus, zu dem z. B. das Reh gehört. Die Schlüpfer haben eine leicht gekrümmte, nach vorn abfallende Wirbelsäule. Mittelfuß, Ober- und Unterschenkel der Hinterläufe können in Form und Arbeitsweise mit Gliedern einer Winkelfeder verglichen werden. Strecken sich die Hinterläufe, so schieben sie den Körper nach vorn-unten vorwärts und erleichtern so das Hindurchschlüpfen durch Buschwerk und Walddickicht. Das deutet schon an, daß wir es bei Hirschen des Schlüpfertypus mit Bewohnern von dichten Wald- und Buschgebieten zu tun haben. Die Hirsche des Läufertypus dagegen haben sich in lichteren Waldgebieten und teilweise in völlig offener Landschaft entwickelt. Sie entziehen sich Feinden nicht durch kurze Flucht und anschließendes Sich-Drücken wie die Schlüpfer, sondern flüchten in schnellem und ausdauerndem Lauf.

Interessant sind die Übergangsformen zwischen Läufer- und Schlüpfertypus, zu denen nach meinen Beobachtungen besonders tropische Hirsche des Läufertypus gehören. Sie haben sich aber in Körperbau und Verhalten so sehr den geschlossenen Waldzonen der Tropen und Randtropen angepaßt, daß viele Merkmale an die Schlüpfer erinnern. Sie schieben sich z. B. stets mit niedrigem Vorderkörper ins Dickicht und erreichen so die gleiche Wirkung wie mit einer nach vorn abfallenden Rückenlinie. Sie flüchten nur kurze Strecken und neigen stark zum Sich-Drücken. Sie sind sehr standorttreu und haben trotz ansehnlicher Körpergröße einen vergleichsweise geringen Aktionsraum. Bei der Bildung des Geweihs, das bei Läufern stets größer und verzweigter ist als bei den Schlüpfern mit ihren kurzen, einfachen Geweihen, gehen sie einen Kompromiß zwischen Geweihgröße, -form und Endenbildung ein. Die Hirsche der Rusa-Gruppe, Axishirsche, Sikas und einige andere haben teilweise beachtlich lange Geweihstangen. Doch die Endenbildung ist meist sehr sparsam, und Kronen fehlen vollends. Die Hauptstange bildet in Normalhaltung einen spitzen Winkel zur Rückenlinie, gleichsam als sei sie von einem Hindernis nach hinten gebogen worden. Die Enden stehen ebenfalls in spitzem Winkel zu den Stangen, als ob sie beim Hindurchfliehen durch ein Dickicht zurückgestreift worden seien. Der Geweihbau dieser Hirsche stellt also eine Anpassung an die geschlossene Vegetation der Umwelt dar, ebenso wie Verhalten und Fortbewegungsweise.

Das Geweih

Der Rothirsch zeichnet sich unter den Hirschen durch ein besonders großes und weitverzweigtes Geweih aus. Es besteht aus den beiden Geweihstangen, von denen die Enden abzweigen. Diese sind in der Regel an der Stangenbasis die Augsprosse, darüber die Eissprosse und dann die Mittelsprosse. Die höher nach der Stangenspitze zu abzweigenden Enden bilden die Krone. Die Stangenbasis ist über der Stirn von einem Knochenkranz, der Rose, umgeben. Diese sitzt auf einem knöchernen Sockel, dem Rosenstock, der vom Stirnbein aufsteigt (Abb. 1).

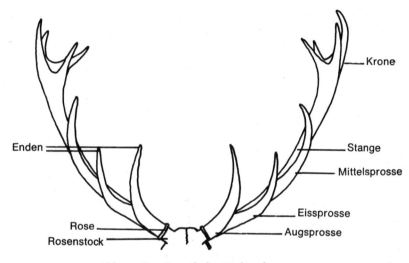

Abb. 1   Das Geweih des Rothirsches

Wie entwickelt sich das zierliche Hirschkalb zu einem starken, kampftüchtigen Geweihträger? Zunächst wächst es ohne besonders ausgeprägten Unterschied zu seinen weiblichen Altersgefährten heran. Etwa nach 8–10 Monaten bilden sich auf seinem Stirnbein sichtbare Erhebungen, aus denen später die Rosenstöcke hervorwachsen werden. Nach Vollendung des ersten Lebensjahrs kann man die Geweihanlagen endlich auch äußerlich als zwei kleine Höcker erkennen. Das ist etwa im Mai/Juni, und in den nun folgenden Sommermonaten werden die ersten Spieße gebildet. Je nach Veranlagung und Umwelt können sie kurze Auswüchse bleiben oder wachsen bis Lauscherhöhe und weiter bis auf 40 cm heran. Sie sind vom

Bast umgeben, der im Herbst abgefegt wird, in einer Zeit also, während der die erwachsenen Hirsche brunften. Der einjährige Hirsch trägt die Spieße den Winter hindurch bis spät ins nächste Frühjahr hinein. Erst im Mai oder Juni wirft er das erste Geweih ab. Sofort beginnt die Bildung des nächsten Geweihs. Hier können wieder Spieße wachsen, aber auch eine Gabel, ein Sechser- oder gar ein Achtergeweih. Bei der Gabel verzweigt sich die Geweihstange zum ersten Mal, und es entsteht die Augsprosse. Beim Sechser wird erstmalig die Mittelsprosse gebildet, während die Eissprosse in der Regel erst beim Zehner auftreten kann. Stangenlänge, Geweihgewicht und Endenzahl nehmen bis zum 10.–12. Jahr meistens zu, was jedoch individuell und gebietsweise verschieden ist. Je älter der Hirsch wird, um so früher wirft er das alte Geweih ab, und um so früher bildet er das neue Geweih und fegt es.

Es ruft immer wieder Erstaunen hervor, wenn man zusieht, wie schnell in einem Revier jedes Jahr die großen Geweihe heranwachsen. Von Ende Februar/März bis Ende Juni/Anfang Juli haben die meisten erwachsenen Hirsche in Deutschland die Geweihbildung abgeschlossen. 4–5 kg Knochensubstanz sind in kaum mehr als vier Monaten gebildet worden — eine erstaunliche Leistung, bei der wir bedenken müssen, daß die Hirsche oft ausgehungert aus dem Winter kommen und im Frühjahr das erste wachsende Grün für ihre Ernährung brauchen. Dabei macht das Wachstum der Geweihe am Anfang die schnellsten Fortschritte.

Schon bald nach dem Abwerfen ist zu sehen, wie der noch bloßliegende Knochen des Geweihsockels an den Rändern von reich durchblutetem Knorpelgewebe überwallt wird. Wie ein Ring schließt sich dieses Gewebe bald über der Stangenbasis und wächst dann als geschlossener Kolben aufwärts. Schon bald darauf teilt sich der Kolben und gibt stirnwärts die Anlage der Augsprosse ab, während die Hauptstange als hinteres Ende der Verzweigung weiterwächst. Sie teilt sich bald darauf zum zweiten Mal in Höhe der Eissprosse und schließlich bei der Mittelsprosse. Die Geweihstange wächst höher zur Krone hinauf, während die Spitzen der drei Sprossen immer noch weiterwachsen. Der anfangs gebildete Knorpel wird durch Kalkeinlagerung gefestigt und später durch Knochenzellen ersetzt. Da das Geweih stets an der Spitze wächst, sind also bei einem wachsenden Kolbengeweih die unteren Enden schon verknöchert, während an den Stangen- und Sprossenspitzen noch Knorpel gebildet wird. Zu diesen Baustellen führen Blutgefäße, die das notwendige Baumaterial dorthin transportieren. Sie beginnen in den Schläfenarterien, die außen hinter den Lichtern zum Rosenstock aufsteigen und sich dort in zwei Hauptäste verzweigen. Diese ziehen sich am äußeren Rand der Geweihstange aufwärts, und teilen sich weiter in immer feinere Verzweigungen und schließlich in feine Blutkapillaren, die zu den Wachstumszentren vorstoßen. Von dort führen Venen auf dem Rückweg wieder kopfwärts und nehmen Abfallprodukte

Ein Hirsch äugt
nach jungen Eichen-
blatttrieben.

Der Hirsch richtet sich
auf beiden Hinter-
läufen auf, um Blatt-
triebe einer Eiche
abzupflücken.

Alttier säugt Kalb
und beleckt es dabei
unter dem Wedel
zur Analmassage. Ein
zweites Kalb saugt
gleichfalls am selben
Muttertier.

Ein starkes Kalb
saugt am Muttertier
während der
Brunftzeit. Der Wedel
ist zur Analmassage
aufgerichtet.

mit. Die Blutgefäße verlaufen in der äußeren Schicht des Geweihs. Dieses ist ganz umhüllt von einer behaarten Schutzhaut, dem Bast. Man kann bei äußerer Beobachtung das reich durchblutete Bildungsgewebe als rötlichen Schimmer auf dem Geweih wahrnehmen. Später läßt sich am fertigen Geweih der Arterienverlauf erkennen durch die hinterlassenen Rillen und Furchen.

Das noch werdende Kolben- bzw. Bastgeweih ist sehr empfindlich. Die Hirsche bewegen sich vorsichtig damit in durchwachsenen Stangenhölzern und in dichten Waldhorsten, die sie oft meiden, um sich in lichteren Baumbeständen aufzuhalten. Bei der Beobachtung fällt die verschiedenartige Färbung des Bastes auf. Normalerweise ist der Bast hellbraun, die feinen Basthärchen verleihen dem Geweih einen samtartigen Glanz. Es gibt aber auch graue oder dunkelbraune bis schwärzliche Bastgeweihe, ohne daß später daraus ein Einfluß auf die Geweihfärbung zu folgern ist. Die Basthaut enthält vor allem an Geweihbasis und Endenspitzen Drüsen, die ein Duftsekret absondern. Dieses Sekret sowie auch die starke Durchblutung der Endenspitzen zieht in der Bastzeit Fliegen und blutsaugende Insekten an, von denen die geplagten Hirsche oft in ganzen Wolken umschwirrt werden.

Im Juli bis Anfang August ist das Geweih bei den meisten erwachsenen Hirschen ausgewachsen. Alle knorpeligen Geweihteile, auch die Endenspitzen, sind verknöchert und hart. Blutgefäße und Bast trocknen ein, und der Hirsch fegt den Bast an Zweigen, Sträuchern und trockenen Pflanzenstengeln ab. Bei der Auslösung des Fegens spielen männliche Geschlechtshormone eine Rolle (BUBENIK 1966). Oft sind Bastteile noch blutig und hängen in handlangen Hautfetzen vom Geweih herab. Der Hirsch schüttelt sich, wenn sie seine Lichter berühren, ergreift sie manchmal mit dem Lecker und äst sie. Auch abgefegte Baststreifen, die auf den Boden gefallen sind, nimmt er mit dem Äser auf und verschlingt sie.

Es dauert einige Zeit, bis der Hirsch mit dem neuen Geweih als Waffe umgeht. Häufig sieht man, daß Hirsche mit frischgefegten Geweihen noch nach Art der Kolbenhirsche auf der Hinterhand aufrecht stehen und sich mit den Vorderläufen betrommeln. Andererseits setzen andere schon vorsichtig das noch bastumhüllte, aber schon erhärtete Geweih bei spielerischen Auseinandersetzungen ein. Das frischgefegte Geweih ist noch hell und weißlich. Erst nach einiger Zeit nimmt es Farbe an, die zwischen hellbraun, graubraun und schwarzbraun variieren kann. Diese Färbung kommt durch Blutreste der Basthaut und durch Pflanzensäfte der verfegten und geschlagenen Sträucher und Bäume zustande. Für die Farbvariation müssen die Säfte der verschiedenen Pflanzen verantwortlich gemacht werden. Dies sah ich anschaulich im Woburn Park, England, wo einige der Rothirsche die Tendenz hatten, aus der umzäunten Parkfläche in einen umliegenden Waldgürtel zu entkommen. Sie verbrachten die Zeit des Geweihaufbaus und die Feistzeit im Waldgebiet mit dichtem Unterwuchs, um sich zur Brunftzeit wieder beim Kahlwild im Park einzufinden. Ihre Geweihe waren ausnahmslos dunkel und schwarzbraun mit blitzendweißen Enden. Die im Park verbliebenen Hirsche dagegen hatten hellere und schwach braun gefärbte Geweihe, weil es weniger Gebüsch mit frischen Zweigen gab und andere Baumarten als im Wald. An der Farbe der gefundenen und beim Wildhüter gesammelten Abwurfstangen konnte ich später mühelos erkennen, ob der betreffende Hirsch den Sommer im Park selbst oder in den Wäldern außerhalb verbracht hatte.

Ihre eigentliche Bestimmung erfüllen die Geweihe zur Brunftzeit im Rivalenkampf. Durch ihre Verzweigung binden sie die Kampfpartner aneinander. Dadurch und durch ein hochentwickeltes Kampfzeremoniell wird aus dem ursprünglichen Beschädigungskampf, bei dem stets Partner verwundet oder getötet werden, ein Kommentkampf, ein Kampf nach Regeln, der fast immer ohne Verletzung ausgeht. Parallelfälle finden wir z. B. bei vielen Gazellen und Antilopen, bei einer den Hirschen eng verwandten Familie also. Hier wird durch Schraubenform, durch Drehung oder durch Wülste und Ringe der Hörner die gleiche Wirkung erreicht (WALTHER 1966). Die Hörner der Kämpfenden haften fest ineinander. Durch Gegeneinanderstemmen und Ringen mit gebundenen Waffen wird der Kampf entschieden ohne nennenswerte Verluste (GEIST 1966). Was bei den Antilopen durch Gehörnform erzielt wird, erreichen die Hirsche durch Geweihverzweigung.

Daneben wird das Geweih auch zum Imponierverhalten durch Aufwühlen des Bodens und Schlagen in Äste und Gebüsch in der Brunftzeit gebraucht, während der erwachsene Hirsche keine Rivalen um sich dulden und einen bestimmten Umkreis um das Brunftrudel herum verteidigen. Selbstverständlich finden wir dieses Verhalten auch bei jüngeren Hirschen ohne Brunftrudel und Anklänge daran auch außerhalb der Brunft. Ferner erkennen sich die Hirsche gegenseitig an ihrer individuellen Geweihform, was beim Zusammenleben in der Rudelgemeinschaft eine wichtige Rolle spielt. Außerdem wird das Geweih bei der Körperpflege verwendet, und manchmal lernen die Hirsche damit auch allerlei andere Dinge. So berichtet z. B. STEINBACHER (1955) von Hirschen, die mit dem Geweih reife Äpfel von Bäumen herabschlugen.

Nach der Brunft deutet sich unmittelbar unter der Rose die sogenannte *Demarkationslinie* an. Dort greifen von außen nach innen knochenfressende Zellen an, die *Osteoclasten*. Sie zerstören in einer dünnen Schicht die Knochensubstanz bis auf Knochenbrücken im Zentrum der Stange, zwischen denen kleine Hohlräume entstehen. Bis Ende Februar und März, bei jüngeren Hirschen bis April oder gar Anfang Mai, dauern diese Vorgänge. Dann ist die Verbindung der Geweihstange mit dem Rosenstock so schwach, daß das Geweih abfällt. Heftige Erschütterungen, wie etwa bei hohen Fluchten oder beim Anschlagen an Äste, können zu verfrühtem Geweihabbruch führen. Beim *synchronen* Geweihabwurf fallen beide Stangen gleichzeitig, beim *asynchronen* fällt die zweite Stange später ab, wobei es sich um Minuten, Stunden oder auch um etwa 1–3 Tage handeln kann. Noch längere Zeitunterschiede deuten auf physiologische Störungen hin (BUBENIK 1966). Das Verhalten der Hirsche hierbei und seine Auswirkungen auf das Zusammenleben im Rudel sind so interessant, daß ich sie in einem anderen Kapitel (S. 112) besonders berücksichtigt habe.

Für den jährlichen Geweihabwurf sind Schwankungen des Hormonhaushalts verantwortlich, vor allem des in den Brunftkugeln gebildeten männlichen Geschlechtshormons Testosteron. Diese Schwankungen beruhen ihrerseits wiederum vorwiegend auf klimatischen jahresperiodischen Veränderungen, wobei sich besonders die Lichtintensität auswirkt. So konnten z. B. durch künstlich erzeugten Hell-Dunkel-Wechsel in Räumen Hirsche zu mehrmaligem Geweihabwurf innerhalb eines Jahres veranlaßt werden (JACZEWSKI 1954, GOSS 1963, BUBENIK 1966). Aufschlußreiche Versuche zur Hormonwirkung führten LINCOLN, YOUNGSON und SHORT (1970) an schottischen Rothirschen in freier Wildbahn aus. Um die Rolle des Testosterons im Rahmen des sexuellen und sozialen Verhaltens zu klären, kastrierten sie einen Hirsch im Winter und injizierten nach der Brunft das Geschlechtshormon. Der Hirsch warf als Folge der Kastration das Geweih ab und schob ein Bastgeweih, das er zunächst nicht fegte. An der Brunft beteiligte er sich nicht. Nach der Testosteron-Injektion fegte er sein Geweih und begann im Winter zu brunften. Im Gegensatz zu den anderen Hirschen warf er im folgenden Frühjahr nicht ab. In ähnlicher Weise wurde bei einem nicht-kastrierten Hirsch durch Testosteron-Injektion das Abwerfen bis zum Juli verzögert. Dies zeigt den starken Einfluß des Testosterons auf die knochenbildenden Vorgänge beim Geweihaufbau. Nach der Ansicht der englischen Forscher werden Testosteronsekretion und Spermienbildung im Frühjahr durch die zunehmende Tageslänge unterdrückt. Dies führt zum Geweihabwurf. Das darauffolgende Kolbenwachstum wird durch das Somatotropin gesteuert, das bei Wachstumsvorgängen wirkt und das durch die zunehmende Tageslänge angeregt wird. Nach der Sommersonnenwende Ende Juni endet die Testosteronhemmung. Geschlechtshormon- und Spermienbildung beginnen, das Geweih wird gefegt. Grundlage des Geweihzyklusses ist also nach SHORTS Ansicht der hemmende Einfluß zunehmender Tageslänge auf die Testosteronsekretion.

Die Geweihausbildung ist das Ergebnis des Zusammenspiels von Veranlagung und Umwelteinflüssen. Sieht man von äußeren Verletzungen ab, so kommt das Erbgut wohl mehr bei Geweihform und Endenausbildung zum Tragen, während die Geweihstärke überwiegend von den jeweiligen Lebensbedingungen bestimmt wird. Je stabiler diese sind, je weniger sie sich von Jahr zu Jahr verändern, um so mehr können wir die Qualität der Veranlagung erkennen. Das bleibt beim Rotwild der freien Wildbahn aber immer ein Problem. Besonders während des Körperwachstums, also bei den jüngeren Hirschen bis etwa zum 7. Kopf, variiert die Geweihstärke weitgehend nach Wetter, Äsungsangebot und anderen Umweltfaktoren. Unglücklicherweise wäre aber gerade bei jungen Altersstufen eine frühzeitige Selektion zu wünschen. Zwar sind wir gegenüber dem Rehwild beim Rothirsch insoweit im Vorteil, als die Jahreszeit des Geweihaufbaus klimatisch und äsungsmäßig stabiler ist als beim Reh, dessen Gehörn ausgerechnet im Winter heranwächst. Dadurch erklären sich vielleicht einige Teilerfolge der Trophäenhege. Dennoch läßt uns die Qualitätsanzeige durch das Geweih weitgehend im Stich. Es ist daher notwendig, das Augenmerk auf die anderen Kräfte zu richten, die Gestalt, Geweih und Verhalten der Hirsche bestimmen.

Die Äsung

In der freien Wildbahn spielt sich das Wiederkauen meistens im Verborgenen ab. Auf den Äsungsflächen füllen die Hirsche, ruhig äsend, den mächtigen Vormagen, den Pansen, und ziehen sich dann meistens an geschützte Stellen zurück. Die Nahrungsmenge des Pansens wird in den Netzmagen, die Haube, geleitet und dann zum Wiederkauen hochgewürgt. Das Wiederkauen verbinden die Hirsche mit einer Ruheperiode, die sie, am Boden niedergetan, dösend verbringen. Der erneut durchgekaute Nahrungsbrei wird wieder hinuntergeschluckt und rutscht durch eine Schlundrinne in den dritten Magenabschnitt, den Blättermagen oder Psalter. Von dort gelangt er in den Labmagen, wo die eigentliche Verdauung durch Drüsensekrete beginnt. Wir unterscheiden also insgesamt vier Magenabschnitte, von denen die ersten drei lediglich erweiterte und spezialisierte Speiseröhrenausstülpungen sind. Ihre Wände enthalten keine Drüsen. In ihnen wird die Nahrung durch Bakterien zur körpereigenen Verdauung vorbereitet.

Man kann ohne Umschweife sagen, daß die Verdauungsvorgänge im Pansen bei den Wiederkäuern vorrangig sind. Über die Hälfte der mit der Äsung aufgenommenen Kohlehydrate wird bereits hier im Pansen-Hauben-Raum mikrobiell zerlegt. Die pflanzenfressenden Hirsche verfügen nicht über Fermente, die pflanzliche Zellwände auflösen. Diese Arbeit wird dagegen von den riesigen Bakterien- und Einzellermengen vorgenommen, die im Pansen leben. Sie ermöglichen erst die Aufschließung der Zellulose und gestalten die drei Vormägen zu vorverdauenden Gärkammern. Die so entstehenden Stoffwechselprodukte sind vorwiegend Fettsäuren (Essigsäure, Buttersäure u. a.), die dem Energiebedarf zugute kommen. Sogar die Mikroorganismen selbst werden teilweise dem eigenen Eiweißaufbau einverleibt. Die Weiterverdauung wird im Dünndarm, Dickdarm und im Mastdarm vollzogen, wobei auf die besonders spezialisierten Abschnitte des Zwölffingerdarms und des Blinddarms hingewiesen werden muß. Im Blinddarm werden noch einmal Zellulosereste verdaut, wobei wiederum Bakterienmengen mitwirken. Aber nicht nur bei der Verdauung selbst ist der Vormagen wichtig. Er dient auch als eine Art Nahrungsspeicher, in dem große Äsungsmengen schnell gesammelt werden können. Danach ziehen sich die Tiere in die Sicherheit der Einstände zurück und kauen wieder. Wir können also den Pansen mit der Technik des Wiederkauens auch als eine Einrichtung zur Feindvermeidung ansehen (BÖLSCHE 1923, HEDIGER 1951). Die Wiederkäuer setzen sich beim Äsen eine geringere Zeit der Bedrohung durch Raubtiere aus. Diese Zeitersparnis ist beträchtlich. Nach quantitativen Untersuchungen von BUBENIK und LOCHMANN (1956) und BUBENIK (1965) äst Rotwild etwa 7—10 Stunden pro Tag und kaut ca. 5—6 Stunden wieder. Müßten die Hirsche die Äsung sofort beim Aufnehmen gründlich mit den scharfkantigen Backenzähnen zerkleinern, so müßten sie also ihre Äsungszeit wahrscheinlich um mehr als die Hälfte verlängern. Das würde ihre Chancen gegenüber dem Raubwild aber sehr verringern, denn gerade beim Äsen mit gesenktem Haupt ist das Rotwild vermindert aufnahmefähig im Vergleich zum Wiederkauen im Einstand mit erhobenem Haupt.

Bei diesen Überlegungen wird davon ausgegangen, daß das Rotwild vorwiegend auf der Bodenfläche, meistens in der Grasschicht äst. Dies ist in der Tat größtenteils der Fall. Von den über 100 als Rotwildäsung nachgewiesenen Pflanzenarten überwiegen Gräser und Kräuter bei weitem (DAUSTER 1939). Doch spielt je nach Jahreszeit die Äsung an Sträuchern und Bäumen eine wichtige Rolle. So wurden z. B. von DAUSTER im November in 100 % aller untersuchten Pansen Gräser und Kräuter gefunden, im Januar dagegen nur noch in 66 %. Umgekehrt fand er im November bei 31 % Koniferennadeln, im Januar dagegen bei 63 %. Physiologisch ist die Baum- und Strauchäsung beim Verdauungsvorgang wichtig. Dabei werden mehr harte Pflanzenfasern aufgenommen als bei der Grasäsung. Diese regen die Bewegung des Nahrungsbreis im Verdauungtrakt an, wodurch eine bessere Ausnutzung der Nahrung erzielt wird. Das geht sogar so weit, daß hochwertige leicht verdauliche Nahrung mitunter ohne schwer verdauliche faserige Teile im Nahrungsbrei kaum verwertet werden kann. Unter diesem Gesichtspunkt wäre auch das forstwirtschaftlich so schwerwiegende Schälen der Baumrinde noch zu betrachten, doch möchte ich hier dem dafür zuständigen Kapitel nicht vorgreifen.

Rothirsche suchen ihre Äsung nicht nur am Boden, sondern reichen auch soweit wie möglich an Bäumen nach oben. Dabei können sie sich auch frei auf die Hinterhand erheben und mit dem Äser frisches Laub oder Triebe ergreifen. Doch verharren sie in dieser Stellung selten länger als einige Sekunden. Auch beim Schälen der Rinde recken sie sich hoch auf. Wenn Baumfrüchte reif sind und herabfallen, ist gelegentlich zu beobachten, wie sich Rothirsche unter den betreffenden Bäumen versammeln. Dort suchen sie eifrig den Boden nach Fallobst, Eicheln, Bucheckern oder was auch immer ab. Dabei lernen sie, beim Geräusch herabfallender Früchte zielgerecht am Boden zu suchen. Im Reinhardswald konnte ich in guten Eichelmastjahren beobachten, daß sich Rotwild oft stundenlang unter reich tragenden Sameneichen aufhielt, um die herabfallenden Eicheln zu äsen. Da diese Zeit oft noch in die Brunft fiel, wurden solche Eichen auch meist Mittelpunkt von Brunftplätzen. Das Kahlwild wollte von dieser Äsung gar nicht weichen, und so boten sich noch bis in die späten Morgenstunden die Brunftrudel mit dem Platzhirsch unter den Eichen in ihrer ganzen Schönheit dar. Auch im Solling wirkte sich die starke Anziehung durch Eichelmast auf das Brunftverhalten aus. Während zu Beginn der Brunft die Platzhirsche mit dem Kahlwild auf Waldblößen und Kahlschlägen brunfteten, zogen sie sich mit zunehmendem Eichelfall immer mehr ins Waldesinnere zurück. Dort erreichte die Brunft oft noch einmal einen Höhepunkt in den Eichenbeständen. Diese wurden dann Treffpunkt für Rotwild, Sauen und Muffelwild, die häufig alle dort zusammen zu beobachten waren, und erschienen so vorübergehend als Wildparadies.

Im Woburn Park machte ich mir die starke Anziehung der im Herbst reifen Wildäpfel auf die Rothirsche zunutze. Um mich den Hirschen zur eingehenden Beobachtung in größte Nähe zu bringen, schleuderte ich aus der noch geduldeten Entfernung Äste in die reich beladenen Zweige der Apfelbäume. Das Geräusch der dann dutzendweise niederprasselnden Äpfel zog das nahestehende Rotwild wie ein Magnet an. Dadurch konnte ich seine Fluchtdistanz erheblich unterschreiten. Nach geduldiger Wiederholung dieser »Fütterung« an mehreren Tagen wurde das Rotwild so vertraut, daß ich die Hirschbrunft nahezu mitten im Rudel in allen Einzelheiten miterleben, beobachten und filmen konnte.

Es gibt gelegentlich Situationen, in denen Hirsche zu Fleischfressern werden. Es wurde schon im vorigen Kapitel berichtet, daß Hirsche in der Fegezeit die blutigen Bastfetzen des Geweihs aufnehmen. Ferner äst das Alttier nach dem Setzen des Kalbes die Nachgeburt auf. Ein interessanter Fall von Carnivorie wurde mir in Schottland berichtet. Dort vergreifen sich Rothirsche gelegentlich an koloniebrütenden Seevögeln, z. B. Sturmtauchern, die sie vom Boden aufnehmen und verschlingen. Dabei verzehren sie Teile des Körpers und lassen die Flügel liegen. Bekannt ist auch, daß Abwurfstangen vom Rotwild beknabbert werden.

Der Wasserbedarf ist, verglichen mit dem anderer Wiederkäuer, gering. Im Verdauungssystem der Hirsche wird die in der Nahrung enthaltene Wassermenge nahezu vollständig ausgenutzt und dem Körper zugeführt. Doch schöpft das Rotwild regelmäßig, vor allem an heißen Tagen und zur Brunftzeit, wenn es Suhlen aufsucht.

Betrachten wir den Komplex Äsung im Gesamtverhalten des Rotwildes, so müssen wir feststellen, daß die überwiegende Mehrzahl aller Handlungen der Tiere mit der Äsung zusammenhängt. So richtet sich fast der ganze Tagesablauf nach Äsungs- und Wiederkauperioden. Es wurde schon auf die Untersuchungen von Bubenik und Lochmann (1956) und Bubenik (1965) hingewiesen, nach denen Rotwild im Gehege ca. 7—10 Stunden pro Tag Äsung aufnimmt und ca. 5—6 Stunden wiederkaut. Äsungs- und Wiederkauperioden wechseln miteinander ab, nach Bubenik achtmal während 24 Stunden. Bei den Äsungsperioden ist das Rotwild aktiv, bei den Wiederkauperioden ruht es meistens. Die Dauer der Aktivitätszeit variiert nach meinen Beobachtungen in freier Wildbahn und in einem 800 ha großen

Wildpark zwischen 30 Minuten und gut zwei Stunden. Für die Ruhezeit ergeben sich die gleichen Werte. Diese Schwankungen der Aktivitäts- und Ruhezeiten deuten schon darauf hin, daß die Zahl der Äsungsperioden in freier Wildbahn flexibel ist und vom Wild plastisch dem Feinddruck angepaßt wird.

Die pro Tag von einem Stück Rotwild aufgenommene Nahrungsmenge beträgt durchschnittlich etwa 4—5 kg. UECKERMANN (1960) nimmt als Erhaltungsbedarf eine Trockensubstanzmenge von ca. 1,5 bis 2,0 kg pro Tag und Kopf an. Dabei braucht ein Tier etwa 200 g verdauliches Eiweiß und 1000 Stärkeeinheiten. Beschlagene Alttiere dagegen müssen mehr Eiweiß aufnehmen, nach BUBENIK (1959) etwa 330 g. Die jahreszeitlichen Schwankungen der Äsungsaufnahme sind beträchtlich. Bekannt ist, daß Brunfthirsche erheblich weniger äsen als sonst. Bei durchgehender Beobachtung bestimmter, individuell bekannter Hirsche während einer ganzen Brunftzeit habe ich förmlich zusehen können, wie die Hirsche immer dünner wurden. Ich werde später noch auf die verminderte Äsungsaufnahme zurückkommen. Die Auswirkungen zeigen sich auch beim Verdauungsvorgang selbst. So haben Brunfthirsche weniger Trockensubstanz im Pansen und im Netzmagen als sonst, im Blätter- und Labmagen dagegen mehr (HENSCHEL 1967).

Leider fehlen noch exakte quantitative Mageninhaltsanalysen beim Rotwild, die auf eine Futterbevorzugung ganz bestimmter Pflanzenarten schließen ließen. Aus Untersuchungen an anderen Huftieren wissen wir, daß vorwiegend Duft- und Geschmacksstoffe die Futterauswahl bestimmen. Weitgehend unbekannt ist auch, wie sich die Äsung durch Rotwild auf die Vegetationszusammensetzung und auf die Pflanzenfolge auswirkt. Nach ersten aufschlußreichen Arbeiten von Koss (1969) sind beträchtliche Einflüsse von Rotwildverbiß auf die Pflanzengesellschaften staudenreicher Mischwälder und Aufforstungsflächen festzustellen. Dabei hing die Auswahl bestimmter Futterpflanzen von der jeweiligen Vergesellschaftung und von der Größe der Pflanzen ab. Es wäre zu wünschen, wenn derartige Untersuchungen in größerem Umfang durchgeführt würden als bisher, denn gerade die mit der Äsung des Rotwildes zusammenhängenden Probleme im Landschaftsgefüge unserer Industrieländer sind z. Zt. vorrangig vor allen anderen (vgl. BRÜGGEMANN 1962 und RIECK 1961).

Fortpflanzung und Geburt

Rothirsche haben alljährlich eine Brunftzeit, die in Mitteleuropa in die Monate September/Oktober fällt. Je nach Witterungsverhältnissen verschiebt sich der Brunfthöhepunkt in Deutschland von Ende September bis Anfang Oktober. In Europa beginnt die Hirschbrunft im Südosten des Kontinents früher als im Nordwesten. So liegt die Hochbrunft z. B. in den ungarisch-jugoslawischen Donauniederungen bereits in der ersten Septemberhälfte, in Schottland dagegen in der ersten Oktoberhälfte, also einen vollen Monat später. Diese Verschiebung des Brunftbeginns folgt etwa der Richtung abnehmender Körpergewichte und stimmt also auch mit dem Übergang vom kontinentalen zum ozeanischen Klima überein. Sie steht im Zusammenhang mit einem früheren Kältebeginn im mehr kontinentalen Raum.

An der Brunft beteiligen sich die Hirsche etwa ab ihrem fünften Lebensjahr. Jüngere Hirsche zeigen ebenfalls Brunftverhalten, kommen aber meist gegen ihre älteren und stärkeren Rivalen nicht zum Zuge. Unter den Tieren sind es vorwiegend die über zweijährigen, die beschlagen werden. Von den über einjährigen Schmaltieren werden je nach Körperzustand in Deutschland etwa 40—50 % beschlagen (BUBENIK 1956, KRÖNING und VORREYER 1957, RAESFELD 1957). Auch im hohen Alter können die Tiere sich noch fortpflanzen. Bei den Hirschen ist es nicht die sexuelle Leistungsfähigkeit, sondern die Behauptung im Rivalenkampf, die ihre Brunftaktivität begrenzt.

Im Zusammenhang mit dem jährlichen Geweihzyklus steuern die Geschlechtshormone auch den Sexualzyklus. Nach einer eingehenden Untersuchung von LINCOLN, YOUNGSON und SHORT (1970) an schottischen Rothirschen vervielfacht sich in der Brunftzeit die Testosteron- und Fruktose-Konzentration in den Brunftkugeln. Die Testosteron-Entwicklung beginnt etwa mit dem Vollenden des Verknöcherungsprozesses im Geweih, also vor dem Fegen. Zu Beginn der Brunft ist eine Konzentration des Hormons von ca. 40—50 Tausendstel g/100 g erreicht. Bis zum Höhepunkt der Brunft wird dieser Anteil verzehnfacht, die Konzentration steigt bis auf fast 500 Tausendstel g/100 g. Bis zum Winter fällt die Testosteron-Konzentration wieder ab, doch ist bis dahin stets noch eine beachtliche Menge Geschlechtshormon vorhanden. So erklärt sich das gelegentlich festzustellende späte Brunften von Hirschen bis weit in den November hinein, wobei natürlich auch brunftiges Kahlwild beteiligt ist. Die Fruktose-Konzentration unterliegt fast dem gleichen Zyklus, doch erreicht sie ein etwas geringeres Maximum von knapp 400 Tausendstel g/100 g zur Brunft.

Die jährliche Spermienbildung beginnt nach Untersuchungen derselben Biologen beim Rothirsch etwa Anfang Juli und endet im März. Es ist auffallend, wie klar diese Periode mit der Zeit übereinstimmt, in der ein fertig verknöchertes Geweih vorhanden ist, nämlich vom Fegen bis zum Geweihabwurf. Gleichzeitig läßt sich ab Juli eine Vergrößerung des Samenleiterdurchmessers feststellen. Dieser erweitert sich bis zur Brunft um etwa das Doppelte. Auf die Orientierung des Hormonzyklus an äußeren Zeitgebern, wie z. B. der sich im Jahreslauf gesetzmäßig verändernden Tageslänge, wurde im Kapitel »Das Geweih« schon hingewiesen.

Zum richtigen Verständnis dieses Hormonzyklusses müssen wir das Geschlechtshormon als einen Wirkstoff ansehen, der das Brunftverhalten fördert und aktiviert. Keineswegs hängt es allein von seinem Vorhandensein ab, ob ein Hirsch brunftet oder nicht. Grundsätzlich ist der Rothirsch das ganze Jahr hindurch bereit zur Brunft, falls brunftiges Kahlwild vorhanden ist. Das zeigt z. B. ein von LINCOLN u. a. (1970) aus MARSHALL (1937) berichteter Fall. Danach wurden acht Stück Kahlwild von Neuseeland nach England zu dem bekannten Hirschpark in Warnham Court verschifft. Sie kamen im April an, in dem in Neuseeland die Hirschbrunft stattfindet. Sie folgten noch dem dortigen Jahreszyklus und waren brunftig. Die Hirsche von Warnham, im frühen Kolbenstadium oder gerade mit abgeworfenem Geweih, begannen sofort zu brunften. Sie röhrten, eroberten brunftiges Kahlwild und kämpften gegen Rivalen. Wie wir später noch sehen werden, wird das Brunftverhalten der Hirsche durch vorwiegend optische Signale ausgelöst. Die davon ausgehende Wirkung kann so stark sein, daß sie jederzeit den Hirsch zum Brunften veranlaßt, da die Libido, die geschlechtliche Reaktionsbereitschaft, das ganze Jahr hindurch vorhanden ist. Andererseits kann aber auch im gegenteiligen Fall die aktivierende Wirkung des Geschlechtshormons so stark sein, daß Hirsche brunftig werden, ohne daß brunftiges Kahlwild in der Nähe ist. Der Verhaltensforschung sind viele Fälle solcher sogenannter Leerlaufreaktionen bekannt, bei denen ein Verhalten ohne den dazugehörigen Partner abläuft.

Das Kahlwild wird erst brunftig, nachdem sich die Feisthirschrudel aufgelöst haben und die ersten Hirsche bereits röhren und als Platzhirsche beim Rudel stehen. Dann findet beim Kahlwild der erste Follikelsprung statt, die Tiere sind für den Beschlag bereit. Die Zeit des Beschlags wurde von LINCOLN u. a. (1970) für schottisches Rotwild nach post-mortem-Untersuchung von 41 beschlagenen Tieren rekonstruiert. Dies ist anhand des Embryogewichts und des Schwangerschaftsstadiums möglich. Es wurde festgestellt, daß die ersten Tiere um den 20. September herum beschlagen wurden, die meisten dagegen von Ende September bis Mitte Oktober. Ein Alttier war noch extrem spät am 11. Dezember beschlagen worden. Für Deutschland dürfen wir annehmen, daß der Zeitpunkt des Beschlags einige Tage früher liegt.

Dieselben Forscher verfolgten auch das Wachstum der Embryonen. Bis zum Dezember nach der Brunft wachsen die Foeten bis auf etwa 20 g durchschnittlich heran. Ende Januar haben sie 200 g Gewicht erreicht. Mit zunehmendem Alter wird das Wachstum beschleunigt, was möglicherweise auch von den Äsungsbedingungen im Frühjahr abhängt. Im Mai wogen die Foeten 3—5 kg, die Geburtsgewichte im Juni lagen zwischen 6 und 8 kg. Bei der Übertragung dieser Beobachtungen auf deutsche Verhältnisse müssen wir eine etwas früher liegende Entwicklung annehmen, da bei uns der Höhepunkt der Setzzeit schon Ende Mai/Anfang Juni liegt (RIECK 1955).

Vor der Geburt trennen sich die Alttiere häufig vom Rudel und schlagen auch die vorjährigen Kälber ab. Eine gesteigerte Angriffslust trächtiger Muttertiere ist von vielen Tieren bekannt. Für den Geburtsakt, wenn er gut und ohne Komplikationen verlaufen sollen, ist völlige Ruhe erforderlich. Die sympathischen und parasympathischen Nerven-Muskel-Komplexe im Körper stehen sich nämlich in gegenseitiger Hemmung entgegen. Der Geburtsvorgang wird vom parasympathischen Komplex gesteuert. Alles, was aber die Aufmerksamkeit des Tieres auf sich zieht und stört, aktiviert den sympathischen Komplex. Das würde den parasympathischen Komplex unterdrücken, so daß auch der Geburtsablauf gestört würde.

Über den Geburtsvorgang im Gehege liegen genaue Beobachtungen von BUBENIK (1965) vor, und ein eingehender Film mit allen Einzelheiten wurde vom Institut für den wissenschaftlichen Film, Göttingen, 1967, veröffentlicht (NAAKTGEBOREN 1967). Das Alttier sucht alleine abgelegene Stellen auf, an denen es setzen will. Oft sind diese von Jahr zu Jahr die gleichen. Kurz nach dem Austreten der Fruchtblase beginnen die Wehen, das Tier preßt stehend oder liegend. Beim Liegen in Seitenlage rollt es in rhythmischen Abständen bei jedem Pressen auf den Rücken, im Entspannen wieder seitwärts zurück. Häufig beleckt das Tier die Fruchthülle. Die Austreibung beginnt meist zögernd, zuerst mit den Vorderläufen, dann mit dem Kopf. Schneller geht der letzte Teil der Austreibung vor sich. Steht das Tier, so fällt das Kalb auf den Boden nieder, wobei die Nabelschnur reißen kann. Andernfalls wird sie vom Alttier durchgebissen. Schon während der Austreibung beleckt das Alttier das Neugeborene ununterbrochen. Das Lecken ist das erste Verhalten, das eine Kontaktaufnahme mit dem Kalb einleitet. Das Alttier frißt die Fruchthüllen und beleckt das Kalb, das zuerst hilflos am Boden liegt. Mit den ersten Kräften versucht das Kalb aufzustehen. Oft fällt es wieder um, stemmt sich, am ganzen Körper zitternd, wieder hoch und lernt bald die ersten Schritte. In den Pausen beleckt das Alttier das Kalb und erreicht so eine Massage, die die Kotabgabe anregt. Alle Ausscheidungen des Kalbes nimmt das Alttier mit dem Äser auf und vertilgt so weitgehend die hinterlassenen Geruchsspuren.

Sobald das Kalb Schritte machen kann, stakt es, in auffallender Weise selbständig und ohne Einflußnahme der Mutter, zu dem nächsten Baum, zu einem Gebüsch oder einer ähnlichen Deckung und legt sich dort nieder. Aus eigenem Antrieb steht es auch auf, sucht in den Körperwinkeln der Mutter mit dem Windfang umher und findet das Gesäuge zum ersten Trinken. Das Alttier frißt auch die einige Zeit später austretende Nachgeburt auf.

Abliegen und Trinken füllen die ersten Tage des jungen Kalbes aus. Die Mutter entfernt sich nicht weit von ihrem Kalb zur Äsung und kehrt zum Wiederkauen und Ruhen zu ihm zurück. In ihrer Abwesenheit schützt sich das Kalb gegen Feinde durch bewegungsloses Verharren in der Stellung des Sichdrückens (vgl. S. 60). Das Alttier ist jetzt stets zur Verteidigung bereit und duldet kein anderes Rotwild in der Nähe. Auch gegen Menschen kann es sich zur Wehr setzen. Mit dem Älterwerden folgt das Kalb seiner Mutter, doch ist diese noch sehr heimlich, bleibt weiterhin mit dem Kalb allein und zieht schon weit vor Tagesanbruch wieder in den Einstand zurück. Nach und nach läßt die Aggressivität des Alttieres wieder nach, und schließlich findet die Familie auch zu anderen Alttieren mit Kälbern zurück. Das Kahlwildrudel reorganisiert sich wieder, zusammen mit dem Nachwuchs.

Spielen, Suhlen und Körperpflege

Wie unbefangen lebhaft Rothirsche spielen und wie sie sich der Körperpflege widmen, kann man in unserer Wildbahn nur noch in ungestörten Waldwinkeln der Rotwildreviere erleben. In dem Verhaltenskomplex: Spielen, Suhlen, Körperpflege wird vieles vom Wesen des Rothirsches bloßgelegt, das uns bei den Routinebeobachtungen am äsenden Wild verborgen bleibt. Was uns Menschen als Spiel und Ausgelassenheit erscheint, was wir bei oberflächlicher Betrachtung als einfache, zweckgerichtete Handlung ansehen, hat für die Hirsche oft eine tiefe Bedeutung für ihr Zusammenleben im Rudelverband. Wir verstehen sie erst bei genauer Beobachtung mit dem Wissen um Entwicklungsvorgänge im tierischen Verhalten. Dazu soll die Vielfalt des Spiel- und Körperpflegeverhaltens hier vor Augen geführt werden, wie sie sich uns in den grünen Intimbereichen der Wildeinstände bei geduldigem Ansitz offenbart.

Eines Morgens erwartete ich im Reinhardswald am Rande eines Eichenbestandes durchziehende Hirsche, die von einer großen Wiese auf dem Weg zu ihren Ruheplätzen hier gewöhnlich vorbeiwechselten. Es war im April, und durch die noch unbelaubten Eichenkronen fiel schon volles Morgenlicht auf den Waldboden. Da tauchte zwischen den grauen Stämmen auch schon ein Trupp von sieben Kolbenhirschen auf. Merkwürdig zielstrebig, zog der vorderste Hirsch auf eine Stelle kaum 50 Meter vor mir zu. Dort hatte sich in einer flachen Bodenmulde während der letzten Frühjahrsregen eine Wasserlache gebildet, die die Hirsche als Suhle benutzten. Der Hirschtrupp zog jetzt in Einer-Reihe heran. Kurz vor der Suhle wurden die Hirsche plötzlich lebhaft. Sie galoppierten ein kurzes Stück, einige schlugen mit den Läufen nach ihren Vordermännern, und dann sprangen die Hirsche aus der Reihe heraus und seitlich um die Suhle herum. Jetzt verhofften alle für einige Sekunden, um zu sichern, und nun trat der erste Hirsch an die Suhle heran. Kurz senkte er den Äser zum Wasserspiegel hinab und begann mit den Vorderläufen im Wasser zu scharren, daß der Schlamm hoch aufspritzte. Zwei jüngere Hirsche rannten schnell mitten in die Suhle hinein, wurden aber von anderen sofort wieder mit Laufschlägen herausgejagt. Der erste Hirsch ließ sich vorne auf die Handwurzelgelenke nieder und legte sich schließlich ganz in das gescharrte Schlammbett. Er neigte den Körper auf eine Seite und wälzte sich dann minutenlang, indem er sich abwechselnd auf die Seite rollte und wieder aufsetzte. Dabei verfuhr er vorsichtig, um mit dem Kolbengeweih nirgends anzustoßen, an dem schon drei Enden ausgebildet waren. Die anderen Hirsche strebten ebenfalls in die Suhle, doch war diese für alle sieben zu klein. So jagten sich die Hirsche gegenseitig wieder aus der Mulde heraus, bis schließlich die drei rang-höchsten einen Platz gefunden hatten. Nach dem Wälzen blieben sie noch eine Weile im Schlamm sitzen. Doch die jüngeren Hirsche drängten so ungeduldig nach, daß schließlich der ganze Trupp in Bewegung kam. Das Verjagen der Jüngeren wurde spielerisch, die Verfolgung ging im Kreis um die Suhle herum. Bald jagte jeder jeden, auch die alten Hirsche wurden angesteckt, und so bildete sich kurze Zeit ein Ring aus Hirschen, der um die Suhle rotierte. Er löste sich wieder auf, als einige quer durch die Suhle rannten und mit den anderen zu-sammenstießen. Klatschend spritzte das Wasser unter den Schalen auf, mit Bock-sprüngen tollten die Hirsche umher, am wildesten die jüngsten. Bald glänzten alle Decken der Hirsche schwarzbraun vom Schlamm. Nun hielten die älteren Hirsche inne, richteten sich auf den Hinterläufen empor und schlugen mit den Vorderläufen nach den anderen. Dabei gerieten sie auch aneinander und be-trommelten sich gegenseitig in schnellem Wirbel. Das dämpfte etwas die all-gemeine Lebhaftigkeit. Die Hirsche schüttelten sich den Schlamm aus der Decke, standen noch eine Weile sichernd umher und nahmen dann Richtung auf einen Fichtenwaldsaum. Unterwegs entstand wieder eine Balgerei, und bald sah ich alle in schnellen Fluchten durch den Eichenwald davonsausen, bis sie in den Fichten untertauchten.

Die Beobachtung macht deutlich, daß die Verhalten des Spielens, des Suhlens und der Körperpflege oft im Zusammenhang auftreten. Um die biologische Betrach-tung auf die Praxis abzustimmen, habe ich sie daher in einem Kapitel zusammen-gefaßt. Vom Wesen her sind diese Handlungen jedoch verschieden orientiert. Widmen wir uns zunächst der reichen Vielfalt der Spielformen beim Rotwild.

Wie bei allen spielenden Tieren sind die Spiele bei den Jungtieren am stärksten ausgeprägt. Junge Rotkälber, die ihren Müttern zum ersten Mal folgen und mit anderen Altersgenossen zusammentreffen, knüpfen die Beziehung zu diesen mit spielerischem Verhalten an. Nach einem kurzen, gegenseitigen Belecken und Be-winden beginnt eines der Kälber mit Laufspielen, die sich dann zu Verfolgungs-jagden steigern. Laufspiele werden auch häufig von einem Kalb allein ausgeführt. Dabei läuft das Kalb mit rasender Geschwindigkeit eine bestimmte Strecke ent-lang, kehrt nach vielleicht 100 m in der gleichen Geschwindigkeit um, macht Bock-sprünge, läuft wieder zurück usw. Dann erweitert es sein Spiel um neue Lauf-bahnen, saust häufig auch um Büsche herum oder bleibt mitten auf der Strecke ganz unvermittelt stehen. Viele Male kann es diese Läufe wiederholen und zeigt dabei immer an denselben Stellen die gleichen Verhaltensweisen. Diese Spielaus-brüche überkommen das Kalb häufig in den unpassendsten Augenblicken, z. B. frühmorgens beim Einziehen in den Bestand. Die Alttiere reagieren sehr unwillig, ich sah manchmal das Muttertier im Stechschritt auf das Kalb zuschreiten, um es dann mit Vorderlaufschlägen zur Räson zu bringen. Nur in der Sicherheit des Einstandes lassen sich Schmal- und Alttiere zum Spiel anstecken. Es kommt zu einer kurzen Verfolgungsjagd. Sind viele Jungtiere beisammen, so toben sie mitunter in ganzen Gruppen umher, wobei das erste Tier davonläuft und die andern in einer Reihe folgen. Häufig wechseln dann aber die Rollen. DARLING (1937) schildert ein Gruppenspiel der Jungtiere »King of the Castle«. Dabei springt eines der Kälber auf einen Hügel, und die anderen versuchen, es herunterzustoßen. Dieses Verhalten erinnert sehr an das Besetzen von Bodenerhebungen durch Boviden, wie es z. B. beim Muffelwild häufig zu sehen ist, das auf Baumstümpfe und Wurzelteller springt.

Spielerische Kämpfe sind beim Rotwild oft zu beobachten, wobei alle Kampfformen angewandt werden können. Am häufigsten ist bei Hirschen das sogenannte *Scherzen* zu sehen. Dies ist ein Scheinkampf, bei dem sich die Hirsche unter leichten Druck mit dem Geweih hin und her schieben. Allerdings kann aus diesem Spiel auch Ernst werden, und das »Scherzen« wird bis zu einem heftigen, minutenlangen Kampf gesteigert, bei dem der Unterlegene in voller Flucht davonsaust und verfolgt wird. Das Scherzen hat eine wichtige Aufgabe beim Aushandeln der sozialen Rangordnung, wie wir in einem späteren Kapitel noch sehen werden. Außerdem enthält es neben der spielerischen Komponente auch eine starke Tendenz zum sozialen Kontakt (MÜLLER-USING und SCHLOETH, 1967).

Das Pendant zum Scherzen der Hirsche ist das spielerische Stirndrängen beim Kahlwild, das allerdings viel seltener ausgeübt wird. Überhaupt neigen erwachsene männliche Tiere mehr zum Spiel als weibliche. Gelegentlich kommt auch gemischtes Stirndrängen zwischen Hirschen und Tieren vor. Ich beobachtete bei einem einziehenden Kahlwildrudel einmal einen Sechser vom 2. Kopf, im Juli noch im Bast, der behutsam seine Stirn gegen das gesenkte Haupt eines Alttiers stemmte und sich mit dem Tier abwechselnd vor und zurück schob. Im selben Monat beobachtete ich zwei Achter vom 3. Kopf, die vorsichtig ihre Bastgeweihe ineinanderlegten und sich, nach Art der scherzenden Hirsche mit fertigem Geweih, spielerisch bekämpften.

Kampfspiele werden nicht nur mit Artgenossen, sondern auch mit Objekten ausgeführt. Liegende Äste werden mit dem Geweih hochgeschleudert, Büsche und Baumstämme werden mit dem Geweih bearbeitet. Gerne suchen die Hirsche an bestimmten Bäumen lange, waagerechte Äste aus. Sie verschränken darin das Geweih und wippen sie mit dem Träger heftig auf und nieder. Ich beobachtete einmal einen Kapitalhirsch, der diese Übung ohne Unterbrechung 17 Minuten lang betrieb! Besonders intensiv sind diese Verhaltensweisen in der Brunftzeit, wobei sich ihr spielerischer Charakter mehr und mehr zum aggressiven wandelt. Aus dem Spielen mit Objekten wird ein wirksames Imponierverhalten.

Eine ähnliche Rolle spielt das Suhlen zur Brunft, das meistens mit Geweihwühlen im Boden verbunden wird. Ursprünglich dagegen ist es eine Form des Körperpflegeverhaltens. Wir können diesen Begriff meistens einschränken auf das Verhalten der Hautpflege. Suhlen werden auch zur Kühlung an heißen Tagen angenommen. Sind Bäche oder Teiche im Revier und ohne Gefahr zu erreichen, so stellt sich das Rotwild oft lange Zeit hinein und läßt das kühle Wasser an den Läufen vorbeirinnen. Die Schlammbäder in den Suhlen steigern sich durchaus nicht immer zu den eingangs geschilderten lebhaften Spielen. Oft legen sich die Hirsche einfach in feuchte Schlammulden und bleiben dort reglos niedergetan. An sandigen Stellen werden mit ähnlichen Bewegungsweisen wie beim Suhlen auch Sandbäder genommen. Auch in der fein zerfallenen Asche von Kohlenmeilern und ähnlichen größeren Feuerstellen wälzen sich die Hirsche. Ameisenhaufen werden ebenfalls angenommen und vom Hirsch oft mit dem Geweih zusammengeschlagen, was der Jäger *Wimpelschlagen* nennt. In der kühlen Jahreszeit stellt sich Rotwild mitunter in durchsonnten Hängen mit lichtem Bewuchs oder in Dickungslücken ein und nimmt Sonnenbäder. Gelegentlich sieht man, daß Vögel auf der Decke der Hirsche reiten und Hautschmarotzer abpicken. Mir ist dieses Verhalten von Dohlen, Staren und Bachstelzen bekannt, doch kommen sicher auch noch andere Vogelarten in Frage. Allerdings zupfen Dohlen dabei auch Haare aus der Decke im Frühjahr, wenn das Winterhaar lose ist, und verwenden sie als Nistmaterial.

Direkte Formen des Hautpflegeverhaltens sind Lecken, Kratzen, Beißen und Kopfreiben. Rotwild kann mit dem Lecker fast alle Körperstellen außer dem eigenen Kopf erreichen. Das Kratzen wird nur mit den Hinterläufen ausgeführt, von Hirschen selbstverständlich auch mit dem Geweih. Dabei lernen die Hirsche sehr geschickt, juckende Stellen mit den Stangen- und Endenspitzen zu erreichen, ohne daß sie diese Bewegungen visuell kontrollieren könnten. Mit den Zähnen wird die Decke durchgeknabbert und anschließend glattgeleckt. Mit dem Kopf reiben die Tiere auf dem Widerrist und vor dem Wedelansatz.

Eine besondere Betonung beim Lecken, Beißen und Kopfreiben erfahren die mit Hautdrüsen versehenen Körperstellen. Beim Kopfreiben ist dies das *Praeorbitalorgan*, die Voraugendrüse in den vorderen Winkeln der Lichter. Es sondert vor allem zur Brunft ein bräunliches Sekret ab, das sich auch verfestigen kann und als *Hirschbezoar* oder *Hirschträne* bekannt ist. Beim Beknabbern und Belecken des Wedels wird das Sekret des *Circumcaudalorgans*, der Wedeldrüse, verteilt. Unterhalb des Wedelansatzes vor dem Weidloch belecken die Tiere die Mündungen des *Intracaudalorgans*. An der Außenseite der Mittelhand der Läufe liegt das *Metatarsalorgan*. Die Sekrete der Voraugendrüse können beim Kopfreiben an Bäumen und Sträuchern abgestreift werden, ähnlich wie von reviermarkierenden Huf-

Ein an der Suhle
angekommener Hirsch
schlägt mit dem Geweih
in den Schlamm.

Ein Junghirsch hat
sich im Schlamm der
Suhle niedergetan,
ein 5jähriger Hirsch
kratzt sich nach dem
Schlammbad mit seinen
Geweihsprossen.

Kampf- und Ver-
folgungsspiele an der
Suhle. Ein 2jähriger
Hirsch droht mit
gesenktem Geweih
einen Spießer an, vor
dem wiederum ein
Alttier Reißaus nimmt.

Hautpflegeverhalten
beim Rotwild.
Beknabbern des Wedels.

Schmaltier streckt sich
nach dem Aufstehen.

tieren (HEDIGER 1954, 1966, WALTHER 1966), jedoch hat dieses Verhalten beim Rotwild nicht die Funktion, ein Territorium olfaktorisch zu markieren, denn es ist nicht territorial. Die genaue Rolle dieser Duftorgane im Leben der Hirsche ist noch unbekannt. Es läßt sich eine Bedeutung für das Zusammenleben in der Rudelgemeinschaft vermuten, denn Hirsche belecken und bewinden sich auch gegenseitig. Diese Hautpflege verstärkt, abgesehen von ihrer primären Aufgabe, die Bindung der einzelnen Rudelmitglieder untereinander und hat Beziehung zur sozialen Stellung der Tiere (SAMBRAUS 1969). Besonders wichtig ist sie natürlich bei der Mutter-Kind-Beziehung (SCHLOETH 1958), die ja überhaupt erst durch das Lecken eingeleitet wird.

Feinde

In vom Menschen unberührten Gebieten haben die Großraubtiere zusammen mit Klimaeinflüssen, Äsungsangebot und Krankheiten den Rotwildbestand reguliert. Heute spielen Raubtiere als Feinde des Rothirsches in Europa kaum noch eine Rolle. Um so mehr müssen wir uns aber mit allen Schädigungen des Wildbestandes durch Technik und Zivilisation auseinandersetzen. Vieles aus dem Feindverhalten des Rotwildes, das ursprünglich auf die Raubtiere zugeschnitten war, wird heute vom Wild auch dem Menschen gegenüber angewandt. Befassen wir uns daher eingangs mit den natürlichen Feinden der Hirsche und verfolgen wir dann, wie sich dieses Verhalten in unserer heutigen Kulturlandschaft bewährt.

Der Wolf spielte früher als Feind der Rothirsche in Europa die wichtigste Rolle und kommt heute noch in Rotwildgebieten Osteuropas, Skandinaviens, Spaniens und auf dem Balkan vor. In der Nachkriegszeit wanderten gelegentlich einzelne östliche Wölfe nach Deutschland bis Niedersachsen. Ein Restbestand von Wölfen hält sich in den französisch-belgischen Ardennen. 1964 wurde ein von dort abgewanderter Wolf bei Beuel/Rhein erlegt. Die Jagdmethode des Wolfes ist die ausdauernde Hetze im Rudel. Die Wölfe verfolgen die Beute in einer breiten Kette. Schwenkt das verfolgte Tier seitlich ab, setzen ihm die Wölfe nach, die ihm am nächsten sind. Bei der Tendenz der Hirsche, auf einem gebogenen Fluchtweg wieder zum Ausgangspunkt der Jagd zurückzufliehen, führt diese Taktik früher oder später zum Erfolg: die Wölfe schneiden dem Opfer den Weg ab. In die Enge getriebenes Rotwild stellt sich den Wölfen zum Kampf und wehrt es mit Vorderlaufschlägen bzw. mit dem Geweih ab. Doch sind die Wölfe durch ihre überlegene Zahl im Vorteil und können den Hirsch überwältigen.

Der Luchs kann zum Feind jüngerer und geschwächter Tiere werden. Er besiedelt noch ebenfalls den skandinavischen, spanischen, ost- und südosteuropäischen Raum. Die letzten deutschen Luchse wurden 1818 im Harz, 1843 in Thüringen, 1866 in Württemberg und 1880 auf der Zipfelalp in den bayerischen Alpen erlegt (SCHAUENBURG 1969). In den vergangenen Jahren werden wieder einzelne Luchseinwanderungen in Deutschland gemeldet. Weitblickende Jäger und Naturschützer planen neuerdings eine Wiedereinbürgerung des Luchses in geeigneten Landschaften. Dabei stoßen sie auf den unverantwortlichen Widerstand zahlreicher unwissender Bevölkerungskreise. So wurde z. B. ein 1969 im Siegerland vorkommender Luchs in sinnloser Weise abgeschossen. Dabei wurden gerade in jüngster Vergangenheit eingehende Nachforschungen über die Luchsbestände Europas und ihre Biologie angestrengt: BEAUFORT 1965, HABER und MATUSZEWSKI

1968, HELL 1968, KRATOCHVIL 1968, NOVIKOV 1968, SAINT-GIRONS 1968, SCHAUENBURG 1969, TOSCHI 1968, VASILIU und DECEI 1964, WERNER 1953. Die in diesen Arbeiten gesammelten Erfahrungen stellen eine wohlfundierte Grundlage für Wiedereinbürgerungsversuche dar. Es ist festzustellen, daß der Luchs ein Ansitzjäger ist, der in einem schnellen Spurt das Opfer einholt und reißt. Bei gutem Nahrungsangebot bevorzugt er Kleintiere und vergreift sich nur in nahrungsarmen Jahreszeiten an Großwild. Er überwältigt aber nur jüngere, kranke oder schwache Stücke und beeinflußt so unmittelbar den jährlichen Nachwuchs. Diese Eingriffe halten sich in engen Grenzen, weil Luchsen, wie fast allen größeren Raubtieren, ein riesiger Aktionsraum zur Verfügung stehen muß. Nach WERNER (1953) ist das individuelle Territorium eines Luchses in den Ostkarpaten 1000—2000 ha groß, in der Hohen Tatra dagegen bis zu 10 000 ha. In Polen werden von HABER und MATUSZEWSKI (1968) nur 2,5 Luchse pro 100 km² im gesamten Verbreitungsgebiet geschätzt, im Waldgebiet dagegen 5 Luchse. Das ergäbe ebenfalls eine Dichte von 1 Luchs pro ca. 2000—4000 ha. Bei der in vielen Rotwildgebieten zu findenden Rotwilddichte kann also der Einfluß des Luchses auf den Bestand nicht gefährlich werden, vor allem bei der Berücksichtigung der selektiven Jagd auf geringe und geschwächte Tiere. In den vom Luchs besiedelten Rotwildgebieten sind keine nachteiligen Einflüsse festgestellt worden. Ich halte daher ein Luchsvorkommen in unseren mitteleuropäischen Hochwildgebieten vom Standpunkt der Rotwildhege aus betrachtet für absolut unbedenklich.

Der Bär jagt normalerweise kein Rotwild. Er kann nur gelegentlich sich drückende Jungtiere oder todkranke Stücke greifen. Das gleiche gilt vom Wildschwein, das frisch gesetzte Kälber in manchen Fällen findet und annimmt. Auch Wildkatze, Steinadler und Uhu haben junge Kälber als seltene Beute. Es muß jedoch immer bedacht werden, daß Alttiere ihre noch hilflosen Kälber wirksam verteidigen können.

Als Anpassung an die Bedrohung durch Feinde haben Rothirsche eine Fülle von Verhaltensweisen entwickelt, mit denen sie die Umwelt nach Feinden erkunden, sich ihnen entziehen oder sich gegen sie verteidigen. Wir nennen alle diese Handlungen zusammenfassend Feindverhalten.

Das Feindverhalten beginnt schon bei der Auswahl der Einstände und Wechsel und beeinflußt den gesamten Tagesrhythmus. Ruheplätze werden dort gesucht, wo der Wind kreiselt oder aus der Feindrichtung herüberweht. Beim Wechsel zu Äsungsplätzen zieht das Rotwild gegen den Wind, der ihm aus dem Gelände vor ihm Kunde bringt. Nachdem eine Äsungsfläche erreicht ist, hält sich das Rotwild nur ungern am Waldrand auf. Es zieht gleich weit auf die Fläche hinaus, wo es freie Übersicht hat. Bei ruhigem Wetter vernimmt das Wild Geräusche auf weite Entfernung und wittert bei dem mäßig bewegten Luftstrom vorzüglich. Es ist vertraut. An stürmischen Tagen, wenn der Wald im Wind rauscht, verdächtige Geräusche verschluckt werden und jähe Böen die Witterung verzerren, ist das Wild unsicher. Es tritt später zur Äsung aus, zieht früher wieder ein und hält sich in Deckung. Hält dieses nachteilige Wetter länger an, so treibt der Hunger das Rotwild zur Zwischenäsung hinaus zu sonst selten besuchten Äsungsgebieten. Nach einigen Tagen Sturm und Regen kann man dann oft an ganz unerwarteten Stellen auch tagsüber mit dem Wild zusammenstoßen. Sein normaler Tagesablauf ist durcheinandergeraten.

Bei der Äsung, auf dem Wechsel und auch bei der Ruhe im Einstand überprüft das Rotwild ständig mit seinen Fernsinnen — dem Windfang, den Lauschern und den Lichtern — seine Umgebung auf Feinde hin. Der Rothirsch gehört zu den Makrosmatikern, zu den Tieren mit großem Riechepithel im Geruchsorgan. Bis auf mehrere hundert Meter kann es eine Witterung wahrnehmen. Ebenso erstaunlich ist die Gehörleistung. Die großen beweglichen Lauscher nehmen als Schalltrichter auch feinste Geräusche auf, wobei die Hirsche sehr genau zwischen den vertrauten Lauten des Waldes und denen der Feinde unterscheiden können. Eine besondere Anpassung an die Feindbedrohung stellen auch die seitlich stehenden Lichter mit großen ovalen Pupillen dar. Zwar können sie nur in einer schmalen Zone plastisches Sehen vermitteln, doch überstreicht der einäugige Blick jeweils einen weiten Winkel. Dadurch gelingt es dem Tier, beim Äsen ohne Kopfdrehung stets einen großen Umkreis zu überschauen. Diese Augenstellung ist bei vielen Weidetieren, die dem Feinddruck von Raubtieren ausgesetzt sind, zu finden. Dabei werden vorwiegend Bewegungen wahrgenommen, nicht aber unbewegte Objekte. Das gesehene Bild selbst ist ungenau, da die scharf gesehenen Partien nicht in einem Punkt, sondern in einer Linie, der sogenannten Brennlinie, zusammenkommen. Im Gegensatz zu anderen Hirschen, sieht der Rothirsch Farben. Auch in der Dämmerung ist sein Auge sehr leistungsfähig, da sich die Pupille stark erweitern läßt.

Eine ausgeprägte Verhaltensform, um Feinde auszumachen, ist das *Sichern*. Beim Sichern prüft der Rothirsch seine Umgebung mit Windfang, Lichtern und Lauschern in einer angespannten Körperhaltung. Diese Bewegungen sind meistens auf ein bestimmtes Ziel gerichtet, in dem die Tiere einen Feind vermuten. Körper und Läufe sind gestreckt, der Träger ist aufgerichtet, der Windfang zeigt schräg nach vorne oben. Die Nüstern spielen, die Lauscher werden steil nach vorne gerichtet, die Lichter sind geweitet. In der Erregung wird oft ein Vorderlauf angewinkelt. Auch stampft das Rotwild auf dem Boden auf oder bewegt sich in wiegendem Stechschritt auf den vermuteten Feind zu. Beim Stechschritt kontrahieren sich Streck- und Beugemuskeln der Läufe überstark. Es wird härter aufgetreten, und die Läufe werden überstark angehoben, die Bewegungen erfolgen ruckartig und schnell. Dieses Verhalten ist Vorbereitung zum schnellen Herumwerfen und zum

Fluchtstart, doch enthält es auch eine Imponierkomponente gegenüber dem Feind. Außerdem ist es ausdruckstark und dient so als gestisches Alarmsignal für die Rudelmitglieder. Diese werden auf die Gefahr aufmerksam gemacht und in Fluchtbereitschaft versetzt. Das Verhalten kann noch akustisch verstärkt werden durch kurzes, tiefes Bellen, das sogenannte *Schrecken*. Dieses kann den Feind zu einer Bewegung verleiten und wirkt auf alle Rudelmitglieder augenblicklich alarmierend.

Bei der Äsung und in weniger vertrauten Gebieten sichert Rotwild häufiger als im geschützten Einstand. Bei nur geringer Beunruhigung läuft die Handlung des Sicherns und des Überprüfens der Umgebung auf einer niedrigen Intensitätsstufe ab. Dafür ein Beobachtungsbeispiel: am Tage begegnete ich auf dem Pirschpfad einem einzelnen älteren Basthirsch, der am Eichenwaldrand vor einer Fichtendickung äste. Der Hirsch war sehr vertraut und äste gierig. Ich wollte zeitig zum Abendansitz an einer Wildwiese und versuchte, mich trotz des Küselwindes vorbeizudrücken. Doch der Hirsch warf kurz auf, ein Hauch schlechten Windes mochte ihn gestreift haben. Bald senkte er wieder das Haupt und fuhr mit dem Äsen fort, doch hielt er nun gelegentlich mitten im Gras-Abreißen inne und windete und lauschte mit halbgeschlossenen Lichtern, den Äser noch tief ins Gras gesenkt. War der Wind gut, so fuhr er im Äsen fort. Beim Innehalten blieb das Gras zwischen den Kiefern. Der vertraute Hirsch ließ sich so leicht nicht stören. Nachdem ich schon längst an ihm vorbei war, sah ich ihn von der Ferne noch immer an derselben Stelle.

Aus dem Sichern mit tiefgehaltenem Äser kann ein scheinbar taktisches Verhalten entwickelt werden, das den Jägern als *Scheinäsen* bekannt ist. Dabei senken die Tiere, die einen Feind vermuten, den Kopf kurz zum Boden und heben ihn dann ruckartig in die Höhe. Anschleichende Feinde, die das vermeintliche Äsen zu einer Bewegung ausnutzen wollen, werden auf diese Weise entdeckt.

Überlegenen Feinden entzieht sich Rotwild fast stets durch eilige Flucht. Geschlossene Kahlwildrudel flüchten hinter dem Leittier her. Bei Hirschrudeln wechselt die erste Initiative zum Flüchten von Fall zu Fall, doch ist auch hier das Folgen hinter dem Vordermann ausgeprägt und hält den Trupp zusammen. Gelegentlich drücken sich einzelne Tiere oder kleine Trupps still davon. Das Rotwild in freier Wildbahn ist meistens so scheu gegenüber dem Menschen, daß sich mit dem Begriff der Fluchtdistanz (HEDIGER 1934) als einer meßbaren Größe in der Praxis häufig nicht viel anfangen läßt. In Deutschland kommt nämlich das Rotwild überwiegend in geschlossenen Waldgebieten vor, und hier treffen Mensch und Rotwild meistens innerhalb einer Distanz zusammen, in der der Tiere stets flüchten. Anders ist es dagegen in ausgedehnten unbewaldeten Ebenen oder auf weiten, übersichtlichen Almflächen der Hochgebirge. Dort nimmt

Rotwild den Menschen u. U. auch außerhalb der Fluchtdistanz wahr und hält auf große Entfernung seine Anwesenheit aus. Je nach Ort und Stimmung der Tiere verändert sich die Fluchtdistanz jedoch gewaltig. Außerdem lernt das Rotwild, die Gefahr richtig einzuschätzen und zeigt z. B. eine selektive Vertrautheit gegenüber Waldarbeitern und dem regelmäßig fütternden Heger.

Der Fluchtweg führt das Rotwild meistens nur in die nächste Deckung, falls es nicht wirklich verfolgt wird. Im Schutz der Dunkelheit zieht es sich oft auch nur außerhalb der Sicht- und Hörweite zurück und verhofft dann abwartend, bis die Gefahr vorüber ist. Bei längerer Verfolgung flüchtet das Rotwild jedoch in ausdauerndem Lauf über weite Strecken, zunächst etwa in gestreckter Linie. Dann läßt sich nach einer gewissen Entfernung beobachten, wie das Wild einen Bogen schlägt, um wieder in das Ausgangsgebiet der Flucht zurückzukehren. Diese Erfahrung wird vor allem bei den Parforcejagden mit Pferd und Hundemeute gemacht (DE VIBRAYE 1969).

Junge Rotkälber in ihren ersten Lebenstagen flüchten nicht vor Feinden, sondern drücken sich zum Boden und verharren dort bewegungslos. Optisch sind sie durch die Tarnfärbung ihrer weißgetupften Decke geschützt. Sie strahlen kaum Witterung aus, da ihre Hautdrüsen noch nicht entwickelt sind. Ihr Körper ist so klein wie möglich zusammengerollt, die Läufe decken die Unterseite zu, der Wedel liegt über dem Weidloch. So sind alle stärker riechenden Körperteile abgedeckt. Für die Bewegungsstarre ist eine stark gesenkte Herzfrequenz verantwortlich, was bei vielen Wirbeltierjungen festgestellt werden kann (v. FRISCH 1965, 1966).

Führende Alttiere, deren Kälber noch jung sind, setzen sich auch gegen überlegene Feinde zur Wehr. Ansätze dazu konnte ich bei einem Alttier beobachten, als ich nach einer Frühpirsch morgens zufällig an einem frisch gesetzten Hirschkalb vorbeikam. Ich hatte das Jungtier am Boden in einem dichten Stangenholz noch nicht entdeckt und beobachtete das einzelne Alttier, das sich aus einer Entfernung von 40 Meter gar nicht zurückziehen wollte. Als ich weiterging, zog es zu meiner Verwunderung noch 20 Meter auf mich zu, trat dann im Stechschritt auf einer Stelle umher und schreckte laut! Im selben Augenblick sah ich kaum zehn Meter vor mir das Kalb liegen, das sich tief zu Boden drückte. Ich reimte mir jetzt das sonderbare Verhalten des Muttertiers zusammen und blieb selbst reglos stehen. Das Alttier hörte jetzt auf zu schrecken und zog sich furchtsam etwas zurück. Langsam ging ich weiter, und kaum hatte ich mich etwas entfernt, als das Alttier auch schon rasch zu dem Kalb lief, über ihm stehen blieb und mir noch erregt nachäugte. Bei der Verteidigung schlägt Kahlwild mit den harten Schalen auf den Gegner ein und kann ihn gefährlich verletzen. Hirsche in der Kolben- und Bastzeit verhalten sich ebenso, gebrauchen sonst aber natürlich ihr Geweih. Wildernde Hunde oder geschnallte Jagdhunde, wenn Rotwild angeschossen wurde, können so erfolgreich abgewehrt oder gar verletzt und getötet werden. Auf die Kämpfe des Rotwildes untereinander komme ich noch in späteren Kapiteln zu sprechen.

Die Bedrohung des Rotwildes durch den Menschen steht heute in Mitteleuropa im Vordergrund aller Auseinandersetzungen mit Feinden. Mit seinem an natürliche Feinde in natürlicher Landschaft angepaßten Verhalten ist es dieser Bedrohung vielfach nicht mehr gewachsen. Zwar wittert es den pirschenden und ansitzenden Jäger und zieht sich vor ihm zurück. Doch daß er eine weittragende, moderne Handfeuerwaffe hat, wird nie in das Bewußtsein der Tiere dringen. Hohe Jagdkanzeln und sauber gefegte Pirschpfade erleichtern dem Jäger Beobachtung und Jagd. Das Wild hat es meistens nicht gelernt, seinen unsichtbaren Feind mehrere Meter über dem Boden zu suchen oder mit seinem lautlosen Schleichen entlang schützender Fichtenwaldsäume zu rechnen. Ihm fehlt ein angeborenes Verhalten dem Feind Mensch gegenüber. Daß es ihn als Feind fürchtet, beruht auf der Tradierung des Feindverhaltens. Von Zeit zu Zeit wird Rotwild durch menschliche Verfolgung in Angst und Schrecken versetzt. Es zieht sich in der Folge vergrämt vor Menschen zurück. Seine Nachkommen lernen schon in den ersten Lebenswochen Sichern und Flüchten im Rudel. Bald lernen sie weiter, daß die Aufmerksamkeit und Flucht den aufrechten zweibeinigen Wesen gilt, nach denen ihre Mütter so angstvoll hinüberäugen. Sie kennen bald seine Wittrung und den Klang seiner Stimme. Durch das ausdrucksvolle Verhalten des Sicherns machen sich die Tiere gegenseitig auf ihren Feind aufmerksam. Es entsteht ein überliefertes Feindschema »Mensch«. Verstärkt wird das Feindverhalten zum Menschen dadurch, daß dieser so ziemlich der einzige fluchtauslösende Feind ist. Da Menschen kein typisches Jagdverhalten entwickeln, das die Tiere als solches erkennen könnten, flüchten sie in fast allen Situationen und vor allen Menschen, vor dem Förster, der lediglich im Bestand die Bäume auszeichnet, vor Schulkindern, die den Wald durchqueren, vor Pilzsammlern und harmlosen Spaziergängern, die gar nicht an Rotwild denken. Den Jäger, der in der Bastzeit nur mit dem Fernglas das Geweihwachstum der Hirsche verfolgen will, unterscheidet es nicht von dem schußbereiten im Herbst. So muß es ständig alarm- und fluchtbereit sein. Der Feind Mensch in unseren Kulturwäldern macht ihm unendlich mehr zu schaffen als alle die verschiedenen Raubtierarten des Urwaldes, für die es geeignete Sicherungsmethoden besitzt. Das Rotwild muß mehr und mehr zum Nachttier werden. Immer weiter muß es von den Äsungsflächen in geschützte Waldwinkel wechseln, immer kürzer wird sein Aufenthalt in hochwertigen Äsungsgebieten. Dabei muß es verkehrsreiche Straßen mit schnellen Autos überqueren, die es als Feind im Sinne eines jagenden Raubtiers nicht ansprechen kann. Macht ein Tier mit ihnen die Erfahrung der Gefahr, so bleibt es meistens tot auf der Strecke. Es kann seine Erfahrung nicht weitergeben, und ein tradiertes Feindschema »Auto« wird nie zustande kommen.

Die veränderte Feindsituation in unserer Kulturlandschaft wird vom Einfluß des Menschen beherrscht. Das Rotwild ist dagegen körperlich und verhaltensmäßig nur für seine natürlichen Feinde gerüstet. Dank seines Lernvermögens hat es zwar den Menschen als Feind erfahren und gibt diese Erfahrung als tradiertes Feindschema von Generation zu Generation weiter. Doch ist es meistens unfähig, echte Gefahrsituationen beim Menschen zu erkennen, und reagiert in fast allen Begegnungen mit Alarm und Flucht. Durch dieses in einer unnatürlichen Situation fehlgeleitete Verhalten ist das Rotwild in den überlaufenen Kulturwäldern Mitteleuropas einem unechten Feinddruck ausgesetzt, der es um ein Vielfaches mehr belastet im Vergleich zum echten Feinddruck in der natürlichen Landschaft. Dies verändert seines Lebensweise in einem Maße, das an Überforderung grenzt. In Verbindung mit Äsungsknappheit bei wachsender Wildbestandsdichte und der Umgestaltung und Einengung des Lebensraums stellen die Auswirkungen dieses Feinddrucks und des Feindverhaltens ein Problem ersten Ranges dar.

Einstand und Wechsel

Wer lange Zeit in einem bestimmten Rotwildrevier regelmäßig beobachtet, wird bald einzelne Hirsch- und Kahlwildrudel sowie auch Hirsche und Tiere individuell kennenlernen. Darüber hinaus wird er auch wissen, wo er zu bestimmten Zeiten das ihm bekannte Rotwild antreffen wird. Es ist also leicht festzustellen, daß Rothirsche eine enge Beziehung zu ihrem Wohnraum haben. Sie halten sich nur in einem bestimmten Gebiet auf, in dem sie Äsungsplätze, Ruhestellen, Suhlen und andere Fixpunkte haben, die durch Wechsel miteinander verbunden sind. Diese benutzen sie in einem bestimmten zeitlichen Rhythmus.

Über die Standorttreue des Rotwildes geben uns Markierungsversuche einige Anhaltspunkte. ULLRICH (1940) hat die Wiederfunde von 69 markierten Rothirschen ausgewertet. Dabei ergab sich, daß allein 55 davon, das sind etwa 80 %, in einem Umkreis bis zu 5 km vom Markierungsort erlegt wurden. 22 Hirsche, etwa 37 %, hatten sich weniger als 1 km von ihrem Markierungsort entfernt. Einzelne Tiere dagegen waren bis zu 22 km und sogar 41 km abgewandert. Wir sehen also, daß die Mehrzahl der Rothirsche in der Regel an ihrem Standort festhält.

Wie groß ist nun der Wohn- und Aktionsraum, in dem sich die Tiere bewegen? Exakte Auskunft hierüber erhalten wir bei direkter Beobachtung markierter oder individuell bekannter Tiere. Dazu trägt man auf einer genauen Geländekarte alle Beobachtungsorte bestimmter Tiere oder Rudel ein. Verbindet man alle außenliegenden Beobachtungspunkte mit einer Linie, so umgrenzt diese das von den Tieren begangene Gebiet. Natürlich ist diese Methode nur bei häufiger Beobachtung über einen längeren Zeitraum hinweg stichhaltig. Im Rotwildgebiet der schottischen Insel Rhum machte ich solche Untersuchungen, und im selben Forschungsgelände der *Nature Conservancy* machten auch YOUNGSON (1967) und LINCOLN u. a. (1970) diesbezügliche Arbeiten. Die Ergebnisse ergänzen und bestätigen sich gegenseitig. YOUNGSON beobachtete einzelne markierte Tiere das ganze Jahr hindurch. LINCOLN stellte den Aktionsraum der Feisthirschrudel und der Rothirsche im Winter und in der Brunft fest. Ich selbst konzentrierte mich auf den täglichen Aktionsraum des Kahlwildes und der Platzhirsche vor der Brunft und verfolgte seine Veränderungen mit fortschreitender Brunftzeit. Unsere Ergebnisse habe ich in einer Übersicht zusammengestellt (Tab. 5).

Betrachten wir die einzelnen gefundenen Werte, so fällt zunächst der unerwartet kleine jährliche Aktionsraum auf. Dies verwundert besonders bei der kargen Äsung für die 1600 Stück Rotwild im 10 000 ha großen Hirschgebiet der Insel, die also mit ca. 16 Stück pro 100 ha bestockt ist (LOWE 1966, LOWE and MITCHELL

Tabelle 5: Der Aktionsraum des Rotwildes zu verschiedenen Jahreszeiten

	Größe des Aktionsraumes	
	Hirsche	Kahlwild
1. Jährlicher Aktionsraum (YOUNGSON 1967)	600—800 ha	320—400 ha
2. Saisonaler Aktionsraum, Sommer (LINCOLN 1970)	500—600 ha	?
3. Saisonaler Aktionsraum, Winter (LINCOLN 1970)	100—200 ha (Fütterung)	?
4. Täglicher Aktionsraum, Brunftbeginn (BÜTZLER, LINCOLN 1970)	300—400 ha (Platzhirsch)	200—300 ha
5. Täglicher Aktionsraum, Brunfthöhepunkt (BÜTZLER, LINCOLN 1970)	50—100 ha (Platzhirsch)	75—125 ha

1967). Der Grund dafür liegt in der Tatsache, daß Äsungsgebiete und Ruheplätze nah beieinander liegen, und daß sich die Ruheplätze meistens in heide- und strauchbewachsenen Berghängen befinden, die gleichzeitig noch Äsung für die Zwischenäsungsperioden am Tage bieten. Außerdem ist die Insel Naturreservat und wird von Menschen kaum gestört, daher sind keine weiten Wanderungen der Hirsche zu entlegenen Einständen notwendig. In Deutschland sind die Aktionsräume wegen der gegenteiligen Umweltsituation mit Sicherheit größer. Es wäre dringend erforderlich, genaue Untersuchungen hierzu anzustellen. Wie zu sehen ist, bewegen sich die Hirsche in einem beträchtlich größeren Gebiet als das Kahlwild. LINCOLN u. a. (1970) stellten einen recht kleinen Aktionsraum der Hirsche im Winter einem weitaus größeren im Sommer gegenüber, da die Hirsche während des Winters durch intensive Fütterung an einen Ort gebunden werden. Vor der Brunft wandern ältere Hirsche von den Feisthirschrudeln ab über Strecken von oft 10 km und mehr, um die Brunftplätze aufzusuchen. Dort engen sich ihre Bewegungen aber mehr und mehr ein und beschränken sich schließlich ganz auf das eigentliche Brunftgebiet. In gleicher Weise beeinflussen sie das Kahlwild, worauf aber erst in einem späteren Kapitel unter Berücksichtigung des Brunftverhaltens eingegangen werden soll.

Die Struktur eines solchen Aktionsraumes ist ein sehr kompliziertes Gefüge. Immer wieder versetzt es in Erstaunen, wie ausgeklügelt sich das Rotwild die Umgebung zunutze macht. Ruheplätze werden dort gewählt, wo sie möglichst nah am Hauptäsungsgebiet liegen, andererseits aber Schutz vor Feinden und schlechtem Wetter bieten. Suhlen und Bäume zum Kopfreiben und Geweihschlagen werden auf dem Wechsel zur Äsung aufgesucht. Eine besondere Bedeutung erhält in unseren überlaufenen und gestörten Revieren die Äsung während des Tages. Hierfür muß das Rotwild mit oft minderwertiger Äsung vorliebnehmen, die es auf kurzen Wechseln aus den Ruhegebieten erreichen kann. Es hat einen genau festgelegten Zeitplan, nach dem es die einzelnen Wechsel begeht und Äsungs- und Ruheplätze, Suhlen usw. aufsucht. Auf die Gesetzmäßigkeit dieses Verhaltens im Wohnraum hat HEDIGER (1946) zuerst hingewiesen, der unter dem Begriff des »Raum-Zeit-Systems« die Beziehung zwischen Wohnraum und Zeitplan der Tiere aufdeckte.

In jedem Gebiet sieht das Raum-Zeit-System der Hirsche wieder anders aus, obwohl natürlich die grundsätzlichen Verbindungen zwischen Äsungs- und Ruheplätzen, den Äsungs- und Ruheperioden und allen anderen Handlungen im Tageslauf des Rotwildes die gleichen bleiben. Jeder interessierte Rotwildjäger kennt dieses Verhalten in seinem Revier, und für den Beobachter ist es eine der ersten Arbeiten, in einer guten Revierkarte die Wechsel-, Äsungs- und Ruhegebiete einzutragen und systematisch den Tageslauf der Hirsche zu verfolgen. Ein Beispiel dazu habe ich hier aus einem bekannten Rotwildgebiet im deutschen Mittelgebirge dargestellt (s. Abb. 2). In dem ausgewählten Revier wurde der tägliche Wechsel der Hirsche von einem langgestreckten Wiesental bestimmt. Dieses war das Hauptäsungsgebiet, doch wurde es nur abends aufgesucht, niemals tagsüber, weil es von Menschen zu sehr gestört wurde. Es ist zu sehen, daß zahlreiche Wechsel am Wiesenrand ausmünden, vor dem sie sich verzweigen. Die Wechsel in die Einstände führen bevorzugt entlang der Waldränder, an denen sich der Wind bricht und so vielfältige Wittrung bringt. Andere Wechsel zielen auf Suhlen, die vor und nach dem Besuch der Hauptäsungsfläche und auch tagsüber angenommen werden. Infolgedessen führen die Wechsel vom Äsungsgebiet zu den Einständen über die Suhlen oder auch von den Einständen zu den Suhlen direkt. Dann berühren sie meistens noch Äsungsplätze im Wald, die tagsüber zur Zwischenäsung angesteuert werden. Für die Zwischenäsung suchte das Rotwild dort gerne die Ränder des Eichenhochwaldes und die Schneisen zwischen den Einstandsabteilungen auf. Als Einstände dienten stets Fichtenhorste. Einzelne Ruheplätze gab es auch in geschützten, windumspielten Winkeln der lichten Eichenwälder. Sie wurden gerne tagsüber an sonnigen Tagen aufgesucht, wenn der Wald nicht von Menschen beunruhigt war.

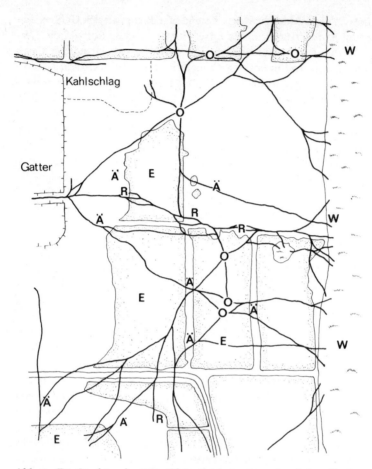

Abb. 2 Die Struktur des Rotwildeinstands in einem hessischen Revier. — Freie Flächen: Eichenhochwald. Punktierte Flächen: Fichtenwald. W: Wiesen, E: Einstand, Ä: Äsungsplätze, R: Ruheplätze, O: Suhlen. Die eingezeichneten stärkeren Linien bedeuten Wechsel des Rotwildes. Bezugnahme im Text.

Eine besondere Beziehung zwischen den Ruheplätzen und den Windverhältnissen fand ich auch in einem benachbarten Revier. Dort verlief ein Waldstreifen aus hundertjährigen Eichen inmitten eines Fichtenbestandes und beschrieb zweimal einen Knick in rechtem Winkel. Hier küselte der Wind ständig, da die an den Waldrändern entlangstreichenden Luftströme aufeinandertrafen und Wirbel bildeten. Genau diese Stellen waren es, an denen sich die Hirsche auch tagsüber zum Ruhen, Sonnen und Wiederkauen niedertaten (s. Abb. 3). An manchen Tagen konnte ich hier mit etwas Glück bis zu 20—25 Geweihte im lichtdurchfluteten Eichenwald beobachten. Wenn ich gelegentlich im Frühjahr und im Sommer auf dem Pirschpfad dieses Gebiet streifte, wurde ich zunächst durch riesige Fliegenwolken auf die Hirsche aufmerksam. Dann sah ich über die Spitzen des Waldgrases ein Gewirr von Geweihen wie knorrige Äste hinausragen. Es war das Hirschrudel, das sich zur Ruhe in die Sonne gelegt hatte. Das Haupt und den

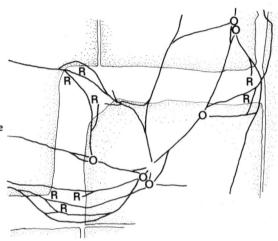

Abb. 3
Die Lage der Ruheplätze in einem Rotwildeinstand. Es konnte hierbei eine ausgeprägte Anpassung an die örtlichen Windverhältnisse festgestellt werden. Näheres im Text.
Freie Flächen: Eichenwald.
Punktierte Flächen: Fichtenwald. R: Ruheplätze, O: Suhlen.
Die eingezeichneten Linien geben die Rotwildwechsel an.

Äser preßten die Hirsche tief zum Boden, um den Fliegen keine Angriffsmöglichkeiten zu bieten. Ab und zu schwankten die Geweihstangen, der Kopf eines dösenden Hirsches mit hängenden Lauschern sah träge über die Grasspitzen, um bald darauf wieder unterzutauchen. Ich kannte wohl den Kreiselwind jener Waldwinkel und machte bald, daß ich davonkam und von den Hirschen nicht ausgemacht wurde.

Folgen wir einem Rotwildwechsel, so finden wir außer den Schalenabdrücken und der Losung auf dem 20—40 cm breiten Pfad noch andere Anzeichen der Tiere. Rothirsche schlagen gerne mit dem Geweih in biegsame Äste und jüngere Bäume. Entlang der Wechsel sind viele solcher bearbeiteten Bäumchen zu finden. Ihre Rinde ist von den Geweihstangen abgestreift worden. Kahlwild und Hirsche reiben ihren Kopf und den Träger an dickeren Baumstämmen. Dabei wird auch das Sekret der Voraugendrüse abgestreift. Wir können diese Scheuerstellen an Bäumen finden, meistens in der Nähe einer Suhle. Die Baumrinde ist auch mitunter in handlangen Rissen von den Geweihenden aufgeritzt. In feuchten Mulden oder an Suhlenrändern ist die Erde mit dem Geweih aufgewühlt oder mit den Vorderläufen aufgescharrt. Etwa in Haupt- bis Schulterhöhe finden wir mit den Zähnen abgeschälte Streifen in der Baumrinde, weiß schimmert das nackte Holz hindurch. Hier hat das Rotwild in den Zwischenäsungsperioden, beim Ziehen auf dem Wechsel oder bei Nahrungsknappheit Rinde aufgenommen. Auch auf den Wurzeln der Bäume sehen wir solche Schälstellen, vorwiegend entlang der Wechsel. Quer durch den Wald führen die Wechsel parallel zu Dickungsstreifen und Bestandsrändern. Sanft steigen sie an Berghängen hinauf, überqueren den Grat in Mulden und Ausbuchtungen, und neigen sich allmählich auf der anderen Seite wieder talwärts. Nähern sie sich einer Wiese, die als Äsungsgebiet besucht wird, so verzweigen sich die Wechsel häufig. Sichernd und den Wind prüfend, zieht das Wild auf ihnen dem Waldrand zu. Kleine Vorsprünge der Waldrandlinie und ihre seitlichen Buchten werden besonders zum Austreten bevorzugt, weil hier der Wind lebhaft spielt.

Unter den Äsungsgebieten gibt es solche, die nur abends und die Nacht über aufgesucht werden, und andere für die Äsung am Tage. Die ersteren enthalten meistens die beste Äsung und werden auf längeren Wechseln von den Einständen her angegangen. Die tagsüber aufgesuchten Äsungsgebiete dagegen liegen in Einstandsnähe. Es sind kleinere Waldwiesen, Blößen in Verjüngungen, Kahlschlagränder, Schneisen, grasbewachsene, stille Wege oder auch Rasen in lichteren Hochwäldern. Ihr Besuch wird mit Suhlen und anderen Handlungen verbunden, wobei eine periodische Verhaltensabfolge eingehalten wird (siehe nächstes Kapitel).

Rothirsche leben also in einem bestimmten Raum von jahreszeitlich sowie nach Alter und Geschlecht wechselnder Größe und Lage. Sie gestalten ihn in artspezifischer Weise in Äsungs- und Ruhegebiete und andere Stellen für die verschiedensten Handlungen des Tageslaufs. Diese Fixpunkte des Wohnraums werden auf festen Wechseln aufgesucht, und dort hinterläßt das Rotwild optische und geruchliche Spuren. Der Wohnraum wird aber nicht gegen Eindringlinge verteidigt, wie wir das von anderen standortstreuen Tieren kennen, ist also kein Territorium im strengen Sinne. Vielmehr gibt es für das Zusammentreffen mit unbekannten Artgenossen oder mit fremden Rudeln soziale Verhaltensweisen, die die Eingliederung in bestehende Verbände regeln, wie wir in späteren Kapiteln noch sehen werden. Nur zur Brunftzeit finden wir beim Rothirsch ein territoriales Verhalten, bei dem Rivalen aus einem bestimmten Gebiet vertrieben werden.

Der Tageslauf

Schwarz heben sich die Umrisse des Wildrudels gegen den mondhellen Nachthimmel ab. Ich kann erkennen, daß alle Tiere auf der schmalen Bergwiese im Eifelrevier niedergetan sind und dösen oder wiederkauen. Es ist 22.15 Uhr, und das Rotwild befindet sich nach der ausgedehnten Abendäsung jetzt in der ersten, darauffolgenden Ruheperiode. Mit gutem Wind harre ich am jenseitigen Waldrand des Wiesenstreifens aus und sehe nach einer Stunde, wie die Tiere nach und nach wieder hochwerden, sich strecken, schütteln, kratzen und zum Äsen ein Stück weiterziehen. Die Sommernacht ist so still, daß der leichte Windhauch das Geräusch der Schalen, des Grasrupfens und hin und wieder ein Schnauben herüberträgt.

Solche Freilandbeobachtungen zeigen uns den lebhaften Wechsel im Tageslauf des Rotwildes. Innerhalb von 24 Stunden lösen sich aktive Perioden und Ruhephasen mehrere Male ab. Dieser Rhythmus wird von der Äsungszeit, in der der Pansen gefüllt wird, und von der Dauer des Wiederkauens bestimmt. Alle anderen Handlungen sind in diesen Kreislauf eingeflochten und haben dort meistens ihren festen Platz. Wenn wir vereinfachend diejenige Zeitspanne, in der sich die Tiere auf den Läufen befinden und sich bewegen, *Aktivitätsperiode* nennen und die Zeit, in der sie niedergetan sind, *Ruheperiode*, so finden wir eine annnähernd gleichlange Dauer. Nach meinen Beobachtungen in Wildparks und freier Wildbahn variiert die Länge dieser Perioden von etwa 30 Minuten bis zu $2^{1}/_{2}$ Stunden, im Mittel beträgt sie etwa gut $1^{1}/_{2}$ Stunden. Das paßt zu den Gehegebeobachtungen von BuBENIK und LOCHMANN (1956) und BUBENIK (1965), die acht Äsungsperioden innerhalb von 24 Stunden feststellten. Die Länge der Perioden und somit ihre Verteilung auf die Tageszeiten hängt außerordentlich von den Umwelteinflüssen ab. In stark beunruhigten Gebieten dehnt das Rotwild die nächtlichen Äsungsperioden aus und unterdrückt sie tagsüber. Während der Nacht neigen dann die Aktivitätsperioden dazu, ineinander überzugehen, und tagsüber verhält es sich ebenso mit den Ruheperioden. Das führt dann zu einem unnatürlichen Überziehen der Periodenlänge und zu einer Verminderung der Periodenanzahl innerhalb von 24 Stunden. In ungestörten Revieren oder in ruhigen Wildparks dagegen stellen wir eine größere Anzahl kürzerer Zyklen fest. Es ist kein Wunder, daß diese eine bessere Ausnutzung der Äsung gestatten. In freier Wildbahn kann man stets mit einer Äsungsperiode in den frühen Morgenstunden, am Abend und um Mitternacht herum rechnen, ferner im Laufe des Vormittags, in der Mittagszeit und, etwas unregelmäßiger, am frühen Nachmittag. Nach vielen Beobachtungen in einem Mittelgebirgsrevier habe ich die durchschnittlichen Äsungszeiten für das Frühjahr und den Sommer in einer Übersicht zusammengestellt. Das soll nun nicht bedeuten, daß das Rotwild außerhalb dieser Zeiten nicht äsen würde, ich möchte nur die vorzugsweise gewählten Zeitspannen für die Äsungsperioden in einem bestimmten Revier mit nicht extremen Umweltverhältnissen angeben.

Tageszeitliche Verteilung der Äsungsperioden:

3.30 — 6.00	8.00 — 9.30	11.30 — 13.00
15.00 — 16.30	18.30 — 21.00	23.00 — 1.00

Wie schon erwähnt, unterliegen sie stark den Einflüssen von Wetter, Äsungsangebot, Feinden u. a. Noch veränderlicher sind die Äsungszeiten im Winter, wenn in fast allen Revieren zusätzlich gefüttert wird. Mit kürzer werdender Tageslänge rücken die Äsungsperioden tagsüber enger zusammen und gehen ineinander über, während nun die langen Nächte Gelegenheit für mehrere kürzere Zyklen bieten. Wegen der schwierigen Beobachtungsverhältnisse in den Winternächten habe ich noch nicht genügend Material hierüber sammeln können, und es wäre wünschenswert, vollständige Auskunft aus verschiedenen Rotwildgebieten zu haben. Tagsüber stellte ich im Winter folgende bevorzugte Äsungszeiten fest: 6.30—9.00 Uhr, 11.00—13.30 Uhr, 16.00—18.30 Uhr. Wie zu sehen ist, gibt es morgens und abends je eine sehr ausgedehnte Äsungsperiode. KLÖTZLI (1968) wies darauf hin, daß beim Rehwild hier je zwei Äsungsperioden miteinander verschmelzen. Ähnliches scheint auch beim Rotwild stattzufinden.

Wie setzen sich diese Zyklen aus Aktivitäts- und Ruheperiode nun zusammen? Wir können alle Handlungen, die wir bei Tieren beobachten, bestimmten Funktionskreisen zuordnen. Die Handlungen im Alltag der Rothirsche verteilen sich dabei auf die Komplexe Äsung, Feindvermeidung, Sozialkontakte, Körperpflege und Ruheverhalten. Im Zusammenhang damit steht die Fortbewegung, der meistens das Bestreben zu einem dieser Verhalten zugrunde liegt. Bei Zeitmessungen des Verhaltens von Hirschrudeln im 800 ha großen Woburn Park fand ich ein Verhältnis von der Aktivitäts- zur Ruheperiode innerhalb eines Zyklusses von durchschnittlich 48 % : 52 %, was dem bereits oben Gesagten entspricht. Die Aktivitätsperiode ihrerseits war fast vollständig vom Verhalten des Äsens beherrscht (45 % der Gesamtzeit), und nur ein kleiner Rest von 3 % der Gesamtzeit entfiel auf die übrigen Verhaltensweisen Feindvermeidung, soziale Kontakte, Fortbewegung und Körperpflege. Diese Feststellungen betreffen jedoch nur einen Einzelfall und können unter keinen Umständen verallgemeinert werden. Es fällt z. B. sofort ins Auge, daß die Parkhirsche ungewöhnlich vertraut sind, denn bei freilebenden Rothirschen steht die Feindvermeidung im Vordergrund. Wirkliche Anhaltspunkte

Junghirsch verhofft auf dem Wechsel ▶

Feisthirsche kurz vor
der Brunft ziehen
bei Sonnenaufgang äsend
ihrem Einstand zu.

Kahlwildtrupp mit
Spießer äst am Rande
einer Waldstraße
vor der Einstands-
dickung.

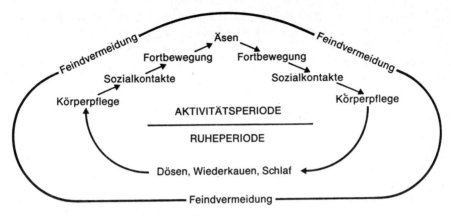

Abb. 4 Aktivitätszyklus beim Rotwild (s. Text).

können erst erhalten werden, wenn viele derartige Beobachtungen in verschiedenen Gebieten zusammen ausgewertet werden können. Hier fehlt uns noch sehr viel Wissen, um das Rotwild zu verstehen.

Bei meinen Aufzeichnungen über das Verhalten der Hirsche in den einzelnen Aktivitätszyklen fand ich, daß die Handlungen der verschiedenen Funktionskreise meistens in regelmäßiger Abfolge ausgeführt werden. Der Aktivitätszyklus ist also ein geordneter Kreislauf aus verschiedenen Verhalten, und ich habe seine Struktur hier in einer Übersicht aufgezeichnet (Abb. 4). Wie zu sehen ist, wird die Aktivitätsperiode mit dem Verhalten der Körperpflege eingeleitet. Darauf folgen soziale Kontakte zu den anderen Rudelmitgliedern. Danach suchen die Hirsche das Äsungsgebiet auf, wozu sie sich meistens in Einer-Reihe auf den Wechsel begeben. Nach der Äsung ziehen sie zu den Ruheplätzen zurück, neigen vor dem Niedertun wieder zu sozialen Kontakten, widmen sich der Körperpflege und tun sich nieder. In der Ruheperiode dösen sie, kauen wieder und schlafen. Das Verhalten zu Beginn und Ende der Aktivitätsperiode wiederholt sich also spiegelbildlich. Der gesamte Zyklus wird begleitet vom Verhalten der Feindvermeidung, das sich meistens im Sichern in regelmäßigen Abständen äußert. Das ist jedoch nur in freier Wildbahn mit Störung so. Im Wildpark und in ungestörten Revieren beschränkt sich das Sichern vorwiegend auf die Zeit der Aktivitätsperiode und hier wiederum ganz besonders auf Beginn und Ende der Periode. Es klingt also schon an, wie veränderlich dieser ganze Zyklus je nach der Umweltsituation ist, und ich möchte die hier gegebene Übersicht nur als ein vereinheitlichtes Schema verstanden wissen, nicht jedoch als einen in jeder Lage gültigen Verhaltens-Zeitplan.

Selbstverständlich widmen sich die Hirsche z. B. auch während des Äsens der Körperpflege oder zeigen Sozialverhalten beim Ziehen auf dem Wechsel. Anhaltspunkte für das Schema waren die größten Häufigkeiten der einzelnen Handlungen, die ich ausgezählt und mit der Stoppuhr gemessen habe. Dabei fand ich also z. B. ein Maximum für das Körperpflegeverhalten beim Übergang der Ruhe- zur Aktivitätsperiode und ein weiteres Maximum am Ende der Aktivitätsperiode. Die Maxima der anderen Verhalten folgten dann in der aufgezeichneten Reihenfolge.

A. Ruheperiode
  1. Schlaf (Seitenlage, Bauchseiten- oder Bauchlage, Kopf gesenkt oder niedergelegt)
  2. Erwachen und Kopf heben (Bauchlage)
  3. Kontakt zur Umgebung (Sichern im Liegen)
  4. Körperpflege
      a) Lecken und Beißen
      b) Kratzen (mit Huf oder Geweih)
B. Aktivitätsperiode
  1. Aufstehen, Sichern
  2. Körperpflege
      a) Lecken
      b) Kratzen
      c) Körperstrecken und -krümmen
      d) Schütteln und Kopfschlenkern
  3. Harnen und Koten
  4. Soziale Kontakte
      a) Olfaktorische Kontrolle
      b) Kontaktverhalten, Lecken
      c) Spielkontakte
      d) Scheinkampf (Geweihkampf und Stirndrängen)
      e) Kämpferische Auseinandersetzung, dominanzabhängig (Geweihkampf, Beißen, Treten, Schlagen mit den Vorderläufen)
  5. Wandern (zum Äsungsplatz)
      a) unorientiert
      b) in Einer-Kolonne
      c) in Parallelformation
  6. Nahrungsaufnahme

Noch feiner geregelt ist der Verhaltensablauf in den Aktivitätszyklen, als es bisher zum Ausdruck kam. Denn nicht nur die Verhaltenskomplexe zeigen in ihnen eine bestimmte Abfolge, sondern sogar die einzelnen Handlungen selbst. Aus vielen Aufzeichnungen über das Verhalten von Hirschrudeln beim Aktivitätswechsel, also beim Übergang von der Ruhe zur Aktivitätsperiode, konnte ich eine Hierarchie aller Verhaltensweisen zusammenstellen, die sich jeweils am Grad der

Aktivität der Tiere orientiert. Sie faßt die vorhin schon getroffenen Beobachtungen über die Aufeinanderfolge der Verhaltenskomplexe Körperpflege, Feindvermeidung, Sozialverhalten und Äsung zusammen und geht weiter ins Detail der Einzelverhalten. Ähnliche Beobachtungen liegen auch von anderen Huftieren vor, z. B. vom Schwarzwild (GUNDLACH 1968). Einige der hier genannten Verhalten sind noch nicht zur Sprache gekommen und werden in den nun folgenden Kapiteln über die sozialen Auseinandersetzungen im Rudelverband geschildert werden.

Ich möchte zum Schluß noch auf die jahreszeitlichen Veränderungen dieser Aktivitätszyklen hinweisen. Es ist z. B. bekannt, daß Brunfthirsche kaum noch Äsung aufnehmen, folglich muß deren Aktivitätsperiode auch anders aussehen. Ich habe mich diesen Fragen besonders gewidmet, weil mir die geheimnisvolle Verwandlung vom Feisthirsch zum Brunfthirsch immer unbegreiflich und wunderbar erschien und mich zur Beobachtung angeregt hat. Fast alle Handlungen des Brunfthirsches gehören zum Sozialverhalten. Der Feisthirsch dagegen hat einen regelmäßig gestalteten Aktivitätszyklus, wie er vorhin geschildert wurde. Ich beobachtete nun, daß sich das Brunftverhalten in Wahrheit aus den beiden Perioden der sozialen Kontakte in der normalen Aktivitätsperiode herleitet. Diese liegen ja ziemlich am Beginn und Ende der Aktivitätsperiode. Sie dehnen sich zu Anfang der Brunft immer mehr aus, verdrängen das Äsungsverhalten fast völlig und nehmen schließlich nahezu die gesamte Aktivitätsperiode ein. Gleichzeitig gewinnt das Körperpflegeverhalten (Suhlen, Geweihwühlen usw.) an Bedeutung, da es mit sozialem Inhalt erfüllt wird. Außerdem werden die Aktivitätszyklen extrem verkürzt und schwanken außerordentlich stark. Die Ursache dafür liegt darin, daß sich die Aktivität des Brunfthirsches unabhängig vom Äsungs- und Verdauungsrhythmus vollzieht, dagegen aber stark von den jeweiligen Außenreizen (brunftiges Kahlwild, Rivalen) abhängt, auf die der Hirsch schnell und intensiv reagiert. Besonders kompliziert gestaltet sich der Aktivitätszyklus der Platzhirsche, deren Kahlwildrudel ja noch dem normalen Äsungszyklus folgen. Beim Vergleich von Platzhirsch und Kahlwild stellte ich fest, daß der Hirsch zu einem Aktivitätsmaximum neigt, wenn sich das Kahlwildrudel gerade beim Übergang von der Ruhe zur Aktivität oder umgekehrt befindet. Steht der Platzhirsch lange beim Rudel, so kommt es schließlich zu einem geregelten Zusammenspiel beider Rythmen. Es folgt daraus, daß alle Aktivitäts- und Ruheperioden des Platzhirsches durchschnittlich etwa halb so lang sein müßten wie die des Kahlwildes. Ich ging dieser Frage nach und konnte dies durch Beobachtungen zum 24-Stunden-Rhythmus der Platzhirsche in der Tat bestätigen. Ich gehe darauf im Kapitel über die Brunft noch genauer ein, da es wichtig ist, das Brunftverhalten selbst dabei zu berücksichtigen. Entsprechende Abwandlungen des Äsungszyklus sind übrigens ebenso bei setzenden und säugenden Alttieren zu vermuten.

Das Hirschrudel

Selten treffen wir Rothirsche im Revier einzeln an, fast stets sind sie in einem kleinen Trupp oder auch in Rudeln unterschiedlicher Größe zusammengeschlossen. Nachdem in den bisherigen Kapiteln die Grundlagen der Biologie und die Auseinandersetzung mit der Umwelt zur Sprache gekommen ist, sei in den nächsten Abschnitten auf das Zusammenleben des Rotwildes im Verband eingegangen. Wir werden sehen, daß eine Vielfalt von Verhaltensweisen und Körpersignalen eine Verständigung der Tiere und ein gemeinsames Handeln ermöglicht. Wie schon vorher erwähnt wurde, gibt es beim Rothirsch zwei Grundformen des sozialen Zusammenschlusses: das Hirschrudel als sogenannten Junggesellenverband und das Kahlwildrudel, das aus Mutterfamilien besteht. Befassen wir uns zunächst mit dem Hirschrudel.

Das Hirschrudel besteht ausschließlich aus Geweihten. Seine Größe hängt von den Umweltverhältnissen sowie von der Größe und Alterszusammensetzung des Bestands ab. Je übersichtlicher das Gelände ist, um so leichter können sich die Hirsche mit allen ihren Fernsinnen zusammenfinden und auch zusammenbleiben. In unübersichtlichem Gelände mit unregelmäßigen Windverhältnissen ist dies sehr schwer. Als Folge davon finden wir stets in Ebenen mit großen freien Flächen, auf Hochgebirgsalmen oder in ausgedehnten Wiesen große Rudel. Im dichten Wald und im stark gegliederten Bergland dagegen finden sich nur kleinere Hirschtrupps zusammen. In Mischzonen wie etwa dem Mittelgebirge beobachten wir häufig beides: abends auf weiten Äsungswiesen treffen mehrere kleine Trupps aufeinander und vereinigen sich für die Nacht zu größeren Rudeln. In der Morgenfrühe lösen sich diese wieder auf, und jeder kleine Trupp zieht in der ursprünglichen Zusammensetzung getrennt seinem jeweiligen Einstand zu.

Grundsätzlich neigen alle Rothirsche dazu, sich an Artgenossen anzunähern, sich mit ihnen zusammenzuschließen und sogar ihr jeweiliges Verhalten nachzuahmen. Das ist keineswegs bei allen Tieren so. Viele Tiere haben ein bestimmtes Territorium, aus dem sie ihre Artgenossen vertreiben. Beim Rotwild gibt es das mit Ausnahme der Brunftzeit nicht. Es sucht den sozialen Kontakt, bevorzugt zu Individuen des gleichen Geschlechts und ähnlichen Alters. Denn diese haben eine ähnliche Lebensweise, ähnlich lange Äsungs- und Ruheperioden und lieben ähnliche Plätze zum Äsen, Suhlen, Ruhen usw. Sehr verschieden alte Hirsche dagegen, die man zeitweise zusammen sieht, »leben« sich andererseits häufig wieder auseinander. Ebenso geht es mit Rotwild verschiedenen Geschlechts, nur jüngere Hirsche bis etwa zum 2.–3. Kopf halten sich im Kahlwildrudel auf.

Männliche Rothirsche haben eine Mutterbindung, die meistens mit Ablauf des 1.—2. Lebensjahres endet. Etwa von diesem Zeitpunkt an gesellen sie sich zum Hirschrudel. Sie verbringen die nun folgenden Jahre fast stets in Gesellschaft anderer Hirsche und haben mit dem Kahlwild keinen ausgeprägten Kontakt mehr, abgesehen natürlich von der Brunft. Erst in höherem Alter von zehn und mehr Jahren neigen sie dazu, sich in kleinere Trupps zurückzuziehen, mit einzelnen Partnern zusammenzubleiben oder auch sogar ganz einzeln zu leben. Entsprechend dieser Verhältnisse gestaltet sich die Alterszusammensetzung der Hirschrudel. Die jüngeren Hirsche ab etwa 2.—3. Kopf sind stark vertreten, vor allem aber die 4—5jährigen. Etwa vom 6. Kopf an finden wir wieder absteigende Häufigkeiten, und die über neunjährigen Hirsche stehen in ausgesprochen geringer Zahl im Rudelverband. Es ist natürlich klar, daß für diese Alterszusammensetzung nicht nur soziale Gepflogenheiten der Hirsche verantwortlich sind. Vielmehr spiegelt sich hier auch oft ganz einfach der Altersaufbau des Bestands wieder. Normalerweise gibt es ja stets weniger alte Hirsche als junge, und das beeinflußt auch das Bild der Hirschrudel.

Einige Beobachtungsbeispiele über die Alterszusammensetzung der Hirschrudel bestätigen die oben getroffenen Feststellungen. Die erste Tabelle (6) zeigt Hirschrudel, in denen in charakteristischer Weise der Anteil junger und mittelalter Hirsche überwiegt. Die Altersschätzung wurde nach gängigen Kriterien vorgenommen (HETSCHOLD 1963), auf die ich in einem späteren Kapitel noch zu sprechen kommen werde.

Tabelle 6: Alterszusammensetzung größerer Junggesellenrudel. Die Tabelle zeigt, daß der Anteil an jüngeren und mittelalten Hirschen überwiegt. (Altersschätzung nach den Kriterien in HETSCHOLD, 1963)

Rudel	Beobachtungsgebiet	Datum	2—5jährig	6—9jährig	über 9jähr.	Rudelgröße
I	Reinhardswald	7/65	6	3	2	11
II	Woburn Park	9/65	12	4	1	17
III	Woburn Park	3/67	20	2	1	23
IV	Reinhardswald	7/67	8	4	2	14
V	Isle of Rhum	9/67	7	5	1	13
		Summe:	53	18	7	78
		Relativer Anteil:	67,9	23,1	8,9	%

Die zweite Tabelle (7) zeigt kleinere Hirschtrupps aus vorwiegend älteren und mittelalten Hirschen.

Tabelle 7: Alterszusammensetzung kleinerer Hirschtrupps aus vorwiegend älteren Hirschen. Sie werden häufig von Junghirschen begleitet. (Altersschätzung nach den Kriterien in HETSCHOLD, 1963)

Rudel	Beobachtungsgebiet	Datum	1—5jährig	6—9jährig	über 9jähr.	Rudelgröße
I	Reinhardswald	4/64	2	3	1	6
II	Reinhardswald	5/64	1	3	1	5
III	Reinhardswald	8/64	—	3	1	4
IV	Reinhardswald	5/65	—	2	2	4
V	Reinhardswald	7/65	3	2	1	6
VI	Woburn Park	9/65	1	2	1	4
VII	Reinhardswald	7/67	—	1	1	2
VIII	Reinhardswald	6/68	—	1	1	2
IX	Solling	7/68	2	2	1	5
X	Woburn Park	3/69	—	3	—	3
XI	Woburn Park	2/70	—	1	1	2
		Summe:	9	23	11	43
		Relativer Anteil:	20,9	53,5	25,6	%

Daß die mittelalten, 6—9jährigen, letztlich doch die über 9jährigen überwiegen, liegt an der stets geringeren Anzahl der überhaupt im Bestand vorhandenen, alten Hirsche und an deren Neigung zum Einzelgängertum. Die jüngeren Hirsche, die hier in der Minderzahl sind, haben sich den älteren einfach angeschlossen. Daß sie für die alten Hirsche eine bestimmte Funktion als Wächter haben oder gar mit Gewalt von den alten aus der Dickung gejagt werden, um die Gefahr zu erkunden, wie manche Autoren glauben, halte ich für vermenschlichendes Zweckdenken, das unzureichende Beobachtungen bemäntelt. Man sollte hier nicht so schnell mit Erklärungen bei der Hand sein, sondern statt dessen einmal genau beobachten, wie nach einer Ruheperiode im Einstand die jüngeren Hirsche zuerst hoch werden, noch halb unschlüssig, einen Wechsel annehmen, wie sich andere Hirsche anschließen, und wie sich am Schluß auch die alten Geweihten träge erheben und hinter den jetzt lebhaft ziehenden oder sich balgenden Junghirschen herschwanken. Der ganze Vorgang macht den Eindruck, daß die älteren Geweihten mehr passiv den jüngeren folgen. Selbstverständlich sind sie in ihrer sozialen Stellung meistens überlegen, und so kommt es öfters vor, daß sie beim Hintereinanderherziehen auf dem Wechsel mit dem Geweih nach ihren Vordermännern schlagen, wenn diese stehen bleiben. So ist es wohl zu jenen Mißdeutungen gekommen, nach denen der alte Hirsch den jungen vor sich her aus der Dickung jagt. Das macht uns schon darauf aufmerksam, daß die Führerschaft im Rudel keineswegs gleichbedeutend mit der sozialen Spitzenstellung ist. Im Hirschrudel führen fast stets die jüngeren Hirsche. Sie werden zuerst munter, bewegen sich häufiger und reagieren lebhafter auf ihre Umwelt als die älteren, die meistens länger ruhen, sich gemessen bewegen und mit langjähriger Erfahrung alle Erscheinungen der Umwelt kennen und von diesen die Gefahren sehr schnell herausfiltern können.

Hirschrudel sind keine stabilen Einheiten, ihre Zusammensetzung ändert sich zwanglos um so mehr, je größer die Rudel sind. Doch kennen die Hirsche eines Gebiets einander recht gut, und gerade das erleichtert das Eingliedern in einen bestehenden Verband. Im Rudel besteht ferner eine soziale Rangordnung, in der jeder Hirsch seinen bestimmten Platz hat und genau weiß, welchen Rudelmitgliedern er überlegen ist und welchen er auszuweichen hat. Dieser Sachverhalt birgt so viele Folgen, daß ich ihm ein eigenes Kapitel gegeben habe. Halten wir hier nur einstweilen fest, daß sich die gegenseitig bekannten Einzeltiere sozial zu einem größeren Ganzen ordnen, und daß diese Gemeinschaft nicht starr, sondern plastisch veränderlich ist.

Im Laufe des Jahres wandelt sich die Rudelgemeinschaft in gesetzmäßiger Weise, vor allem bestimmt durch Geweihzyklus und Brunftzeit. Im Frühjahr während des Geweihaufbaus und im Sommer stehen die Hirsche in Rudeln zusammen, die sich vor Beginn der Brunft weitgehend auflösen. Dann wandern die älteren und schließlich auch die mittelalten Hirsche bis herab zum 5. Kopf zu den Brunftplätzen ab, und später stellen sich auch die jüngeren Hirsche als Beihirsche im Brunftgebiet ein.

Ein ausgeprägtes Beispiel für die Auflösung eines Feisthirschrudels vor der Brunft gibt Tabelle 8. Ich notierte die sich täglich verändernde Alterszusammensetzung eines Feisthirschrudels in Schottland. Aus dem zuerst 13köpfigen Rudel wanderten die neun ältesten Hirsche innerhalb von drei Tagen ab, bis nur noch vier Junghirsche übrig waren.

Daraus ergibt sich also, daß wir zur Brunftzeit einerseits Junghirschrudel finden, deren Mitglieder mitunter aus verschiedenen Sommerwohnräumen gekommen sind, und andererseits jetzt die einzeln stehenden erwachsenen Hirsche, die Rivalen feindselig abweisen und teilweise Platzhirsche von Kahlwildrudeln sind. Nach der Brunft erlischt die Kampfbereitschaft der Hirsche, sie wandern in ihre ursprünglichen Wohnräume zurück und schließen sich zuerst paarweise und dann in kleinen Trupps wieder zusammen. Diese vergrößern sich schließlich, und das Hirschrudel reorganisiert sich bis zum Winteranfang. Es wird wiederum eine neue soziale Rangordnung ausgehandelt, die bis zum Geweihabwurf im großen und ganzen beibehalten wird.

Tabelle 8: Alterszusammensetzung eines Hirschrudels vor der Brunft. Die sich täglich verändernde Rudelgröße und -struktur zeigt die Abwanderung der adulten Hirsche (Schottland, Isle of Rhum 1967)

Datum	2—5jährig	6—9jährig	10jährig u. älter	Rudel- größe
26. 9.	7	5	1	13
27. 9.	5	3	—	8
28. 9.	6	2	—	8
29. 9.	4	—	—	4

Der Geweihabwurf setzt die zweite Cäsur im Zusammenleben der Hirschrudel. Die nach dem Abwurf geweihlosen Hirsche werden von den Rudelmitgliedern nicht immer wiedererkannt, als Neuankömmlinge im Rudel behandelt und bekämpft. Ohne Geweih sind sie in der Regel unterlegen, werden daher von den noch geweihtragenden jüngeren Hirschen unterworfen oder gar in gemeinsamer Verfolgung davongejagt (vgl. BENZEL 1967). Als Folge davon ziehen sie sich häufig eine Zeitlang zurück und gesellen sich erst später mit dem neuen Kolbengeweih wieder zum Rudel, wenn auch die anderen Hirsche ihr Geweih abgeworfen haben. Wieder resultiert eine neue Rangordnung, wenn die Kolben- und Basthirsche ihre Auseinandersetzungen mit Vorderlaufschlägen austragen. Das gleiche ist nach dem Fegen des Geweihs der Fall, nach dem sich die Hirsche wieder vermehrt umgruppieren. Die Zusammensetzung der Feisthirschrudel ist also wieder anders als die der Basthirschrudel, was auch mit dem veränderten Äsungsbedarf und Äsungsangebot verbunden ist, deretwegen wieder andere Einstände und Äsungsplätze bevorzugt werden.

Die Hirsche im Rudel halten ihre Verbindung zueinander nicht nur räumlich, sondern auch durch eine Vielfalt sozialer Verhaltensweisen. Gegenseitig belecken und beknabbern sie einander ihre Decke, meistens an Stellen an Kopf und am Träger, die sie selbst nicht erreichen können. Besonders die drüsenreichen Partien am Wedel und am Spiegel des Partners werden bewindet. Wir können mit Sicherheit annehmen, daß bei diesen Beziehungen der Individualgeruch durch Drüsensekrete und durch den an der Decke haftenden Speichel eine Rolle für das gegenseitige Identifizieren spielt. Leider gibt es hierüber bei Huftieren noch so gut wie gar keine Untersuchungen. Für uns Menschen ist die Geruchswelt der Tiere praktisch unvorstellbar, und so kommt es wohl, daß die olfaktorischen Wahrnehmungen der Großsäuger von der Forschung bisher kaum beachtet worden sind. Im Schrifttum wird gelegentlich darauf hingewiesen, daß soziale Körperberührungen bei Cerviden selten seien, ja, daß Hirsche eine ausgesprochene Scheu davor hätten (z. B. MÜLLER-USING und SCHLOETH 1967). Ich kann mich dieser Ansicht auf Grund meiner Beobachtungen nicht uneingeschränkt anschließen, denn ich sehe immer wieder bei Hirschen, besonders während und kurz nach der Ruheperiode, ausgedehntes gegenseitiges Belecken und Bewinden, Zusammenliegen der Tiere auf engem Raum und auch ein Berühren der Körperseiten beim gemeinsamen Äsen. Allerdings ist es wahr, daß dieses Verhalten in den vom Menschen beunruhigten Revieren seltener zu sehen ist, und darauf führe ich die obige, von mir nicht ganz geteilte Ansicht zurück.

Eine charakteristische Form des sozialen Kontakts bei Hirschen ist der Scheinkampf, vom Jäger Scherzen genannt. Sehr ungleiche Paare von Geweihten können sich zu Scheinkämpfen zusammenfinden. Es geht also dabei nicht um ein soziales Prestige, sondern um ein spielerisches Kämpfen mit dem Geweih, wobei gleichzeitig die soziale Tendenz der Hirsche zum Kontakt, zum gegenseitigen Miteinander, zum Zuge kommt. Mit Vorliebe verhaken die Hirsche dabei die Geweihe ineinander und schieben sich mit leichtem Druck und mit Kopfdrehen hin und her. Aber auch Spießer können scherzen und versuchen dazu, ihre unverzweigten Stangen zu kreuzen. Seltsam mutet es an, wenn ein junger Hirsch mit einem Kapitalen scherzt. Ich beobachtete einmal einen zweijährigen Sechser, der sich mit gesenktem Geweih in der Aufforderungshaltung zum Scheinkampf einem schlafenden Vierundzwanzigender näherte. Mit seinem kurzen Geweihchen unterfuhr er eine der weitverzweigten Stangen des Kapitalen, hob sie hoch und drängte so lange, bis der Kronenhirsch sich zu einem müden Scheingefecht bewegen ließ.

Beim Scherzen stoßen die Hirsche oft ein nasales Brummen aus, einen Kontaktlaut, der auch schon dem Auffordern des Partners dienen kann. Der gleiche Laut wird ferner — wie viele kontaktfreudige Verhalten — als Beschwichtigungsmittel verwendet. Ich hörte ihn in der Brunft von Beihirschen, die von angriffslustigen Platzhirschen hart verfolgt wurden. Bezeichnenderweise vernahm ich ihn auch von den Platzhirschen selbst, wenn diese sich dem Kahlwild näherten, was auf seine Bedeutung für das Kontaktsuchen hinweist.

Ebenso wichtig für das Zusammenleben im Rudelverband wie der positive soziale Kontakt ist das Gegenteil davon: das Distanzverhalten, das Respektieren des sozial Überlegenen, das Drohen und Imponieren gegenüber den Unterlegenen. Beim gemeinsamen Äsen, beim Aufsuchen von Ruheplätzen, Suhlen usw. genießen die stärksten Hirsche selbstverständlich gewisse Vorrechte. Es ist aber keineswegs nötig, diese Vorrechte immer handgreiflich durchzusetzen. Die Unterlegenen weichen vor den ihnen bekannten Stärkeren meistens von selbst aus und vermeiden insbesondere die frontale Begegnung. Wenn es aber nötig ist, helfen

Abb. 5 Vorderlaufkampf in der Kolbenzeit. Die Hirsche erheben sich auf die Hinterläufe, richten den Windfang drohend nach oben und legen die Lauscher an (s. Text).

die überlegenen Hirsche mit bestimmten Ausdrucksverhalten nach, die von den
anderen stets wohlverstanden werden. Zu diesen Verhaltensweisen gehören zunächst einmal verschiedene Formen des Drohens. Sie richten sich je nach der Art
des beabsichtigten Kampfes. Das Drohverhalten selbst besteht in der Regel aus
der Anfangsbewegung, der Intentionsbewegung, der jeweiligen Kampfhandlung.
Sie wird aber meistens beim Drohen nur symbolisch ausgeführt und gestisch über-
trieben. Die Drohbewegung zum Geweihstoß ist infolgedessen ein Senken und
Einwinkeln des Kopfes zum Träger hin, wobei das Geweih in Richtung auf den
Bedrohten zeigt. In der Kolbenzeit, wenn sich die Hirsche, aufrecht auf den Hinterläufen stehend, mit den Vorderläufen betrommeln, sieht das Drohen völlig anders
aus. Dazu richten sich die Kolbenhirsche dann vorne auf, heben den Äser steil nach
oben und legen die Lauscher eng an den Kopf (Abb. 5).
Eine weitere Drohform, auf die schon früher hingewiesen wurde, ist das Eckzahndrohen. Es ist ein Restverhalten jener noch geweihlosen Hirschvorfahren, die mit

hauerartig verlängerten Eckzähnen des Oberkiefers ihre Kämpfe austrugen. Dies geschah durch seitliche oder schräg nach unten gerichtete Hiebe. Infolgedessen ist die Intentionsbewegung ein Kopfheben mit seitlichem Neigen. Genau so sieht das Drohverhalten aus, bei dem der Hirsch in dieser Bewegung ausdrucksvoll erstarrt. Sie wird akustisch untermalt durch ein grunzendes Schnauben. In dieser Drohhaltung mit erhobenem Haupt zieht der Hirsch schräg auf den Gegner zu. Bevorzugt wird das Eckzahndrohen in der Geweihabwurfzeit angewandt, in der Ruheperiode und in der Brunft gegenüber dem Kahlwild. Daran fällt auf, daß dies Situationen sind, in denen nicht mit dem Geweih gekämpft wird. Geweihkampf und Eckzahndrohen stehen also in gegenseitiger Hemmung zueinander. Dies ist bei fast allen Kampfesweisen so: eine Kampfart verdrängt alle übrigen. Im Eckzahndrohen liegt aber auch schon eine starke Tendenz zum Imponieren, also zum Vorweisen des Kampforgans, wobei fast stets gleichzeitig auch mit der Körpergröße imponiert wird. Die Kampfwaffe wird dabei optisch auffällig demonstriert. Beim Eckzahndrohen fällt dieses Vorweisen der Waffe vergleichsweise noch bescheiden aus. In den Winkeln des Äsers, dort, wo der Eckzahn den Unterkiefer überragen würde, wenn er noch in voller Länge vorhanden wäre, liegt beim Rotwild ein tiefbrauner Fleck. Beim Kalb ist er noch sehr klein und wächst dann mit zunehmendem Alter, ebenso wie auch der Eckzahn heranwachsen würde. Er diente wohl einst dazu, den hellen Eckzahn im Kontrast hervorzuheben. Ähnliches finden wir auch bei den verschiedenen Wildschweinarten, die mit ihren Hauern kämpfen. Das Geweih, die für den Rivalenkampf beim rezenten Rothirsch vorwiegend gebrauchte Waffe, ist optisch weit ansprechender gestaltet. Wir dürfen annehmen, daß die Wirksamkeit als Imponierorgan bei der Entwicklung des Geweihs eine wichtige Rolle gespielt hat.

Auseinandersetzungen im Hirschrudel werden auch durch Beißen und durch Stoßen mit dem Äser ausgetragen. Auch diese Verhalten werden akustisch begleitet von Zähneknirschen und Grunzlauten. Häufiger als bei Hirschen sind sie jedoch beim Kahlwild, dem ja das Geweih fehlt und das infolgedessen mehr auf diese Kampfarten zurückgreift. Man könnte sie in gewisser Weise auch als »typisch weiblich« bezeichnen, und in der Tat machen sich die männlichen Hirsche genau das für ihre Zwecke zunutze. Weibliche Tiere sind nämlich den männlichen in der Regel unterlegen. Von stärkeren Rivalen bedrohte Hirsche bedienen sich nun des weiblichen Kampfverhaltens, um ihre Unterlegenheit zu demonstrieren und um dadurch den überlegenen Gegner zu beschwichtigen. Man nennt dies in der Verhaltensforschung inferiores Drohen (WALTHER 1966), ein Drohen also, das das entsprechende Tier als unterlegen ausweisen soll. In Hirschrudeln äußert sich das so, daß unterlegene Hirsche mit auffälligem Kieferschnappen, also mit gestisch übertriebenen Beißbewegungen, an überlegenen Rudelmitgliedern vorübereilen.

Andere Formen des Beschwichtigens sind jeweils die gegenteiligen Verhalten zu der Form des Imponierens. Wenn Hirsche z. B. mit ihrem Körper imponieren, strecken sie sich und schreiten steifbeinig vor dem Rivalen herum. Beschwichtigend wirkt es dagegen, wenn sich der unterlegene Hirsch so klein wie möglich macht und mit schnellen Schritten davonzieht. Eine Steigerung dieses Verhaltens führt zu den sogenannten *Demutsgebärden*, bei denen die Hirsche unterwürfig den Kopf senken oder sich gar mit platt auf dem Boden ausgestrecktem Träger vor dem Überlegenen niedertun. Besonders häufig finden wir alle diese Formen der sozialen Mitteilung bei der Auseinandersetzung der Hirsche mit ihren Rivalen in der Brunftzeit, und wir werden im entsprechenden Kapitel noch einmal auf diese interessanten Verhaltensweisen zurückkommen.

Das Kahlwildrudel

In ihrer sozialen Organisation und in ihrem Verhalten sind die Kahlwildrudel sehr verschieden von den Hirschrudeln. Die wichtigsten Unterschiede — abgesehen vom Geschlecht — sind die Mitgliedschaft aller Jungtiere und das Fehlen einer vom Geweihzyklus bestimmten Periodik, dagegen aber eine durchgreifende Veränderung durch die Geburt der Kälber im Frühsommer. Als Folge davon beobachten wir 1. eine Untergliederung des Rudels in Familieneinheiten, 2. eine stärker ausgeprägte Führerschaft und 3. eine relativ größere Stabilität des Rudels..

Auf die Gliederung des Kahlwildrudels in Mutterfamilien wurde in einem früheren Kapitel schon hingewiesen. Sie bestehen in der Regel aus dem Gynopädium Alttier — Schmaltier — Kalb oder auch aus Alttier — Schmalspießer — Kalb. Wie ist es nun um die Dauer der verwandtschaftlichen Beziehungen bestellt? Hierüber stellte der Schweizer Zoologe und Verhaltensforscher SCHLOETH (1966) erste Untersuchungen anhand individuell markierter Tiere an. Bei Nachkommen im 1. Lebensjahr fand er, daß Hirschkälber bis zum Mai oder bis zur Setzzeit bei ihrer Mutter stehen. Säugen beobachtete er bis in den Januar hinein. Wildkälber schlossen sich nach dem Setzen nach kurzer Zeit wieder an ihre Mutter mit dem neugeborenen Kalb an, blieben aber auch gelegentlich gänzlich fern. Das oft beobachtete Abschlagen die Vorjahrskälber durch die Mutter in der Setzzeit (z. B. BLEY, 1921) und die vorübergehende Trennung vom Vorjahrskalb ist also nicht so regelhaft, wie es bisher aus der Literatur erscheint. Bei nichtträchtigen Alttieren beobachtete SCHLOETH stets einen engen Zusammenhalt mit den Schmaltieren. Jedoch sah er Schmalspießer in zwölf Fällen ab April nie mehr zusammen mit ihrer Mutter.

Im zweiten Lebensjahr stehen die Schmaltiere meistens bei ihrer Mutter. Führt diese dann kein Kalb, so kann das Schmaltier bis zum Alter von 16 Monaten und darüber gesäugt werden. Es kommt auch vor, daß sich Schmaltiere den Sommer über von ihrer Mutter trennen, um sich im Winter wieder an sie anzuschließen. Überhaupt ist ja in Notzeiten, ebenso wie auch bei Feindbedrohung und auf der Flucht, ein stärkeres Kontaktbedürfnis beim Rotwild festzustellen. Im dritten Lebensjahr hat Kahlwild nur noch gelegentlich mit der Mutter Verbindung, doch gibt es davon Ausnahmen. In einem extremen Fall stellte SCHLOETH bei einem Übergehendtier fest, daß es regelmäßig sogar bis zum 4. Lebensjahr bei seiner Mutter stand. Noch im Alter von 26 Monaten saugte es an der Mutter. Als Folge der bei weiblichen Tieren längeren Mutterbindung hängt also die Größe der Kahlwildrudel sehr von dem Geschlecht der Nachkommen ab.

Die auffälligste Erscheinung im Kahlwildrudel ist die Führerschaft durch das Leittier. Es zieht an der Spitze des Rudels, wählt selbst Marsch- und Fluchtrichtung und sichert am häufigsten. Die anderen Stücke schließen sich ihm an, folgen ihm in Einerreihe und zögern selbst beim Ziehen, bevor nicht das Leittier vorneweg die Richtung weist. Von allen Beobachtern wird angegeben, daß das Leittier stets ein führendes Alttier sei. Andererseits liegen keine Nachweise dafür vor, daß Alttiere, die ihr Kalb verlieren, nun die Führerrolle abgegeben hätten.

Die Leittierrolle wird von der überlegenen Initiative insbesondere bei der Wahl einer Marschrichtung und beim Fluchtverhalten bestimmt. Das ist jedoch nicht notwendigerweise mit der sozialen Überlegenheit verbunden, wie sie von Rangordnungskämpfen geprägt wird. Das Leittier selbst zwingt nicht etwa die andern Tiere des Rudels zu gehorsamer Folge, vielmehr schließen diese sich seiner Führung in Nachahmung seines Verhaltens an. Wir werden diese Vorgänge gleich noch genauer betrachten. Müller-Using und Schloeth (1967) weisen darauf hin, daß die Führerschaft beim Rotwild passiven Charakter hat. Sie erläutern diesen so (Zit.): »Passive Führerschaft liegt dann vor, wenn die Mehrheit der Mitglieder eines Verbandes dem Einzeltier Folge leistet, das sich als erstes dazu entschlossen hat, eine bestimmte Richtung einzuschlagen, wobei es für dieses Tier nicht maßgebend ist, wie seine Rudelgenossen reagieren.... Ferner sind für eine passive Führerschaft folgende Eigenschaften bezeichnend: 1. Um die Führerschaft im Verband findet keine Auseinandersetzung statt. 2. Ein häufiger Wechsel der Tiere an der Spitze eines Rudels ist die Regel (hierüber ist wegen mangelnder Untersuchung beim Rotwild vorläufig noch gar nichts zu sagen. Anm. d. Verf.). 3. Oft folgen nicht alle Individuen dem davonziehenden Muttertier. 4. Junge führende Alttiere gehen oft am Kopf eines Rudels.«

Halten wir dieses Phänomen der passiven Führerschaft beim Kahlwildrudel fest und distanzieren wir uns von allen vermenschlichenden Deutungen über die Führerrolle des Leittiers, die diesen oft eine märchenhafte Intelligenz andichten. Wir haben es mit hochorganisierten Tieren, ihren Instinkten und ihrem Assoziationsvermögen zu tun. Das sind Komplexe, für deren Erforschung unser Menschenverstand noch lange Zeit wird aufwenden müssen, und auf die wir nicht billig menschliche Denkmaßstäbe übertragen wollen.

Wann entwickelt sich ein Alttier zum führenden Leittier? Hierüber können wir noch wenig sagen, zumal wir es mit individuell verschiedenem Verhalten zu tun haben. Als Führerin eines Kahlwildrudels kommt in der Regel nur ein erwachsenes, führendes Alttier in Frage. Doch sind Ansätze zur Leittierrolle auch schon in viel jüngerem Alter festzustellen. Dazu ein Beispiel. Anfang Juni, zur Setzzeit also, beobachtete ich im Harz einen Trupp von vier Schmaltieren. Sie mochten wohl von ihren setzenden Muttertieren abgeschlagen worden sein und hatten sich nun vorübergehend zusammengeschlossen. Die Tiere erschienen am Rande eines

sumpfigen Fichtenhorstes und durchquerten äsend einen urwüchsigen Bruchwald-
streifen, in dessen Mitte ich auf einer Kanzel ansaß. Bald fiel mir auf, daß eines
der Tiere stets an der Spitze des Trupps zog und daß die anderen ihm in seiner
Fährte folgten. Über eine Stunde lang hielten sich die Schmaltiere im lichten
Bruchwald auf, taten sich sogar kurz nieder und zogen danach mit dem sinkenden
Abend zu einer weiten Moorwiese fort. Ich benutzte die Gelegenheit, mir über
das Sichern der Tiere Notizen zu machen. Dabei fand ich, daß das führende Tier
über fünfmal häufiger sicherte als die andern drei. Es war augenscheinlich, daß es
bereits die Leittierrolle dieses halbwüchsigen Trupps übernommen hatte.

Ein anderer Extremfall möge zeigen, daß das Leittierverhalten nicht immer so
unentbehrlich zum Kahlwild dazugehört und daß sich erfahrene Tiere auch ohne
Leittier behelfen können. In einem noch morgenstillen Eichenwald sah ich vier
Alttiere zwischen den Stämmen äsend einherbummeln. Sie suchten über dem Vor-
jahrslaub die ersten Grasspitzen, die die Aprilsonne schon hervorgelockt hatte. Als
ich auf dem Pirschsteig näher kam, sah ich, daß alle vier Tiere greisenhaft über-
altert waren. Auf den langen, trockenen Häuptern spielten die Gesichtsmuskeln
sichtbar unter der dünnen Haut, und die kahlen Lauscher wirkten pergamentartig
dünn. Tiefe Schatten lagen zwischen den hervortretenden Knochen, über die sich
scharf die graue Decke spannte. Alle Tiere sicherten mit größter Aufmerksamkeit
in kurzen Abständen, stets hatte mindestens eines das Haupt erhoben. In unregelmäßiger Gruppierung durchquerten sie den Eichenbestand und taten sich schließlich, da alles still blieb, in einem Farnhorst nieder, dessen rotbraune Stengel und
Blattfächer durch eine abgebrochene Eichenkrone in die Höhe gestützt wurden.
Hier kauten sie, Wache haltend, wieder und bequemten sich erst am hellen Vor-
mittag zu ihrem Einstand im stubenhohen Fichtenwald. Es gelang mir nicht, bei
einem der Tiere ein Anzeichen der Führerrolle festzustellen. Alle erschienen gleich-
berechtigt leitend, wie aufeinander abgesprochen, und durchsuchten mit gleicher
Vorsicht ihre Umwelt nach Feinden.

Übereinstimmung in ihrem Verhalten und blitzschnelles gemeinsames Handeln
sind für die Tiere eines Rudels Voraussetzung, um ihren Feinden zu entgehen.
Daher gehört es zum sozialen Instinkt der Rudeltiere, sich nicht nur an Artgenossen anzuschließen, sondern auch, deren Verhalten nachzuahmen. Dadurch erst wird
es möglich, alle Handlungen der Rudelmitglieder aufeinander abzustimmen, zur
selben Zeit zu äsen, zu ruhen, sich zu suhlen, weiterzuziehen usw. Auf diese Erscheinung der Verhaltenssynchronisation wurde in einem früheren Kapitel schon
hingewiesen. Der Erfolg dieser Gleichschaltung des Verhaltens hängt von vielerlei
Faktoren ab: von der Rudelgröße und -zusammensetzung, von der sozialen Inte-
gration des Rudels, vom Grad der jeweiligen Aktivitätsbereitschaft, von der Intensität des nachzuahmenden Verhaltens und von der relativen Anzahl der Tiere, die

dieses Verhalten bereits ausführen. Hinzu kommen noch Verhaltenstendenzen, die diesen Kontakt und die Übertragung des Verhaltens und der ihr zugrunde liegenden Stimmung oder *Motivation* erleichtern. Eine der wichtigsten ist das Bestreben der Tiere zu einer bestimmten räumlichen Anordnung des Rudels, der Rudelformation.

Ein zum Äsen ausgetretenes Wildrudel erscheint auf den ersten Blick vielleicht als ein wahlloses Durcheinander, bei dem jedes Tier seinen eigenen Neigungen folgt. Wäre das wirklich so, dann müßten alle Rudelmitglieder unkontrolliert in verschiedene Richtungen auseinanderstreben, und das Rudel würde sich auflösen. Das ist jedoch nicht der Fall, sondern im großen und ganzen bleiben die Tiere immer zusammen. Beobachten wir aber genauer, wie sie zueinander stehen, so fällt uns bald eine ganz bestimmte Anordnung auf. Die Tiere bleiben nämlich vielfach beim Äsen nebeneinander mit dem Kopf auf gleicher Höhe. Oft halten sie sich dabei so dicht zusammen, daß es wie ein Zweiergespann aussieht. Bei mehr als zwei Tieren entsteht dadurch eine breite Phalanx parallelstehender Tiere, die wie vor einer unsichtbaren Grenze alle mit dem Kopf auf gleicher Höhe äsen. Es ist dies aber lediglich die Auswirkung der sozialen Tendenz zu räumlichem Kontakt und zum Einnehmen des gleichen Verhaltens wie der Rudelgenosse. In jeder anderen als der parallelen Stellung müßten sich die Tiere entweder voneinander entfernen oder aber in ständigen Streitigkeiten aufeinanderstoßen. In seiner Gesamtheit entsteht so das Bild einer recht einheitlichen Rudelformation. Dabei können die Tiere lange Parallelreihen aus ein bis zwei Dutzend Stück bilden, die später wieder abbrechen, sich hintereinander anordnen, sich seitlich verschieben oder allerlei Ausbuchtungen und Krümmungen zeigen. Unebenes Gelände fördert solche Deformierungen. Kahlwild wie Hirsche zeigen diese Rudelformation in Parallelreihen in gleicher Weise (s. Abb. 6). Übrigens neigen auch andere Weidetiere zum gleichen Verhalten.

Abb. 6 Basthirsche äsen in Parallelreihen. Zwei Gruppen haben sich formiert und hintereinander angeordnet (s. Text).

Ruhender Hirschtrupp beim Wiederkauen der Äsung

Schlafender Hirsch

Junghirschrudel im Winterhaar während der Abwurfzeit

In Kahlwildrudeln werden Auseinandersetzungen mit allen Kampfesweisen außer dem Geweihkampf ausgetragen, wie ich sie im vorigen Kapitel von den Hirschen schon geschildert habe. Dabei werden Vorderlaufschläge und Beißen bevorzugt. Spielerische Kampfkontakte sucht das Kahlwild durch frontales Gegeneinanderdrängen der Stirn, ein Verhalten, das dem Scherzen der Hirsche verwandt ist. Allgemein muß festgestellt werden, daß solche Kämpfe und Scheinkämpfe im Kahlwildrudel jedoch weniger ausgeprägt sind. Dagegen neigt das Kahlwild in stärkerem Maße zum positiven Kontaktverhalten, insbesondere zur sozialen Körperpflege. Das ist größtenteils natürlicherweise auf die Betreuung der Kälber zurückzuführen. Mit dem vorhin geschilderten Mechanismus der Stimmungsübertragung breitet sich diese soziale Handlung dann im gesamten Rudel aus und erfaßt schließlich auch die nicht führenden Stücke und die Schmaltiere. Kälber ihrerseits erwidern die soziale Körperpflege seitens ihrer Mütter direkt. Sie stehen auch akustisch mit einem Stimmfühlungslaut, dem nasal klingenden *Mahnen*, in Verbindung. Ob die Auseinandersetzungen im Kahlwildrudel zu einer sozialen Rangordnung führen, wie wir sie von Hirschrudeln kennen, ist noch völlig unbekannt. Keinerlei Untersuchungen dieser Art sind meines Wissens bisher beim Rotwild unternommen worden.

Im Jahreslauf zeigt die Organisation der Kahlwildrudel eine geringere Dynamik als die der Hirschrudel. Dies ist mitbestimmend für die größere Stabilität der sozialen Beziehungen des Kahlwildes. Setzzeit und Brunft sind die entscheidenden jahresperiodischen Stationen.

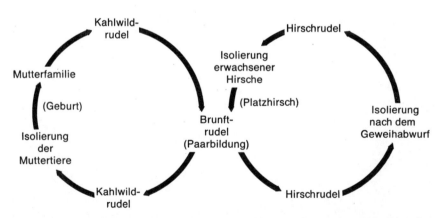

Abb. 7 Die soziale Organisation im Jahreslauf. Schema. Linker Kreis: Kahlwild, rechter Kreis: Hirsche. Näheres im Text.

Fassen wir zum Schluß den Jahreslauf der sozialen Organisation bei Hirsch- und Kahlwildrudeln in einem gemeinsamen Überblick anschaulich zusammen (s. Abb. 7). Einziger wichtiger Berührungspunkt zwischen beiden ist die Brunft. Doch verhalten sie sich grundsätzlich offen zueinander, wie überhaupt auch fremde Artgenossen nach prüfender Begegnung im Rudel geduldet werden. Verantwortlich hierfür sind die geschilderten positiven sozialen Neigungen des Rotwildes.

Die Brunft

Spät und vorsichtig ist das Kahlwildrudel aus dem Buchenhochwald auf die Wiese hinausgezogen. Über dem Gras liegt schon der weiße Schimmer der Nebel, die Abendluft bringt den würzigen Duft des herbstlichen Waldes. Schon seit einer halben Stunde höre ich in den umliegenden Einständen mehrere Hirsche melden. Doch das Rotwild ist durch die starke Revierbegehung von Jägern und Waldbesuchern heimlicher geworden. Endlich nähert sich eine der Brunfthirschstimmen dem Waldrand, und dann sehe ich den Platzhirsch ohne Aufenthalt auf sein Rudel zutrollen. Bei den Tieren hält er an, legt das langstangige Zwölfergeweih zurück und röhrt in fünf stoßweise herausgepreßten Brunftschreien. Danach treibt er die Alt- und Schmaltiere im Rudel, bleibt immer wieder stehen zum Röhren, umkreist das Rudel und wühlt den Boden mit dem Geweih auf. Nach einer Stunde hüllt die Nacht das Brunftrudel in Dunkelheit ein. Ich höre noch das Anstreifen der Schalen im Gras, in Abständen das Röhren und dazwischen das nasal klingende Ansetzen zum Brunftschrei, das oft zu einem halblauten Knören langgezogen wird. Was geht hinter dem Vorhang der Nacht vor sich? Wenige Menschen wissen davon, allzuviele geben sich mit gedankenlosen Vermenschlichungen der Hirschbrunft zufrieden. Doch die Hirsche haben ihre eigene Weise der sexuellen Partnerbindung, und wir wollen uns hier mit den biologischen Einzelheiten ihres Paarungsverhaltens genau befassen. Die kämpferische Auseinandersetzung der Rivalen soll einem eigenen Kapitel vorbehalten sein. Hier möchte ich nur die Beziehung der Geschlechter zur Brunft herausstellen.

Der Brunft geht der Zerfall der Feisthirschrudel voraus. Die ältesten Hirsche werden angriffslustig gegenüber ihren Rudelgenossen und wandern zuerst ab. Sie wechseln zu bestimmten Brunftgebieten, die sie Jahr für Jahr aufsuchen. Hier nähern sie sich dem Kahlwild, folgen den Tieren zur Äsung und bewinden sie prüfend am Wedel. Zu dieser Zeit ist noch kein Stück Kahlwild brunftig, und es ist also ein großer Irrtum, wenn viele Jäger glauben, die Brunft ginge allein vom Kahlwild aus. Die Hirsche selbst beginnen mit dem Brunftverhalten, das durch Produktion des Geschlechtshormons nach der Sommersonnenwende in Gang gesetzt wird.

Zu dieser Zeit sieht man gelegentlich noch mehrere Hirsche bei einem Kahlwildrudel. Doch dem wird bald ein Ende gesetzt. Die Hirsche beginnen zu röhren, drohen einander an, schüchtern die Gegner ein oder gehen zum Kampf über. Schließlich bleibt nur der stärkste Hirsch beim Brunftrudel, die anderen, die sogenannten Beihirsche, halten sich in gebührendem Abstand. Der Platzhirsch aber hält sich nun immer länger beim Brunftrudel auf und bleibt schließlich ganz bei seinem Harem. Zum Brunften wählt er besonders geeignete ebene Stellen aus, meistens Waldblößen oder Wiesen, auf denen sich das Kahlwild zum Äsen aufhält. Das sind die Brunftplätze. Auf diesen verteidigt er in einem bestimmten Umkreis um das Rudel ein Gebiet, das Brunftterritorium. Er hält alle anderen männlichen Hirsche daraus fern. Besonders am Rand des Territoriums wühlt er mit dem Geweih den Boden auf, scharrt mit den Vorderläufen, wälzt sich oder suhlt sich, wenn Wasserlachen vorhanden sind.

Das Kahlwild steht im Mittelpunkt des Brunftverhaltens. Sorgfältig überwacht es der Platzhirsch, daß sich kein Tier vom Rudel absondert. Entfernt sich ein Stück Kahlwild etwas vom Rudel, so treibt es der Hirsch wieder zurück. Dazu überholt er das abtrünnige Tier seitlich und schreitet imponierend mit wiegendem Gang vor ihm herum. Dabei hat er das Haupt und den Windfang steil erhoben und den Kopf seitlich geneigt. Mit dieser Geste zeigt er imponierend die rudimentären Eckzähne, die früher bei den Hirschvorfahren einmal Kampfwaffen waren. Damit dirigiert er das Tier zum Rudel zurück und setzt im schnellen Lauf hinterher, wobei er den Sprengruf ausstößt. Das ist eine Folge ruckweise hintereinander hervorgebrachter Laute. Das Kahlwild wird also nur symbolisch bedroht, nur ganz selten weist ihm der Hirsch drohend das Geweih. Daß Platzhirsche mit rohen Geweihschlägen das Brunftrudel zusammentreiben, wie das in phantasiereichen Jagdschilderungen bisweilen zu lesen ist, mag vielleicht auf sonderliche Eigenarten der Schreiber selbst zurückzuführen sein. Bei Hirschen in freier Wildbahn kommt so etwas Unsinniges nicht vor! Selbst davonlaufende Brunftrudel versucht der Hirsch nur mit Imponierschreiten und Eckzahnweisen zu bremsen, was ihm allerdings selten gelingt.

Eine wichtige Rolle im Brunftverhalten spielt die Wittrung der Tiere, auf die der Hirsch mit dem Flehmen reagiert. So nennt man eine Verhaltensweise, bei der der Hirsch mit erhobenem Kopf und halbgeöffnetem Äser die Wittrung einsaugt. Dabei sind die Lefzen vom Kiefer zurückgezogen, so daß man den vorne unbezahnten Oberkiefer sehen kann. Ganz allgemein flehmt der Hirsch auf die Wittrung von Harn und Kot der Tiere. Es gibt aber noch eine Reihe anderer Geruchstoffe, die Flehmen auslösen. Es ist also keineswegs gesagt, wie viele annehmen, daß der Hirsch nur bei brunftigen Tieren flehmt. Er sucht nach dieser Wittrung mit dem Windfang am Boden regelmäßig den Brunftplatz ab, vor allem in den Lagern und Fährten des Kahlwildes. Ruhen die Tiere im Lager, so beleckt sie der Platzhirsch am Haupt. Darauf werden sie oft hoch und laufen davon, während der Hirsch im verlassenen Lager Wittrung nimmt, und sich nicht selten im noch warmen Bett der andern niedertut.

Die sexuelle Annäherung, die bei brunftigen Tieren zur Paarung führen kann, ist das sogenannte Treiben. Dabei läuft der Hirsch mit vorgestrecktem Kopf auf ein Tier zu. Er streckt den Lecker vor und versucht, das Tier am Feuchtblatt zu belecken. Ist das Stück nicht brunftig, so läuft es davon, oftmals in Schlangenlinien um die anderen Tiere herum, um den Hirsch abzuhängen. Der verfolgt es nur kurze Zeit, bleibt dann stehen und röhrt. Der Jägerausdruck »Treiben« kann zu Mißverständnissen führen, weil der Hirsch ja in Wirklichkeit das Tier nicht vor sich her treibt, sondern ihm lediglich nachläuft. Dagegen jagt er es aber durchaus vor sich her, wenn er es in der vorhin beschriebenen Weise mit Sprengruf zum Rudel zurückdirigiert. Diese beiden Verhaltensweisen sind völlig verschieden — die eine ist sexuell, die andere aggressiv motiviert — und müssen auseinandergehalten werden. Es kommt sonst zu falschen Schlüssen, wenn wir den Sprengruf hören oder aber Hirsche ohne Sprengruf hinter den Tieren herlaufen sehen.

Das Treiben als Teil des Paarungszeremoniells ist von vielen Huftieren bekannt. Dem Jäger ist das viel länger andauernde Treiben der Rehböcke am geläufigsten, die unermüdlich mit weithin hörbaren Keuchlauten hinter den Rehen herjagen. Treiben und ebenso das Zusammentreiben der Herde findet sich ferner auch z. B. bei Pferden (ANTONIUS 1937, ZEEB 1958, 1961) sowie bei Antilopen (BUECHNER und SCHLOETH 1965, SCHENKEL 1966, WALTHER 1964, 1966). ZEEB (1958) ist der Ansicht, daß das Treiben den noch nicht paarungsbereiten Partner einschüchtern soll. In der Tat zeigt die Treibhaltung vieler Huftiermännchen aggressive Verhaltenselemente (WALTHER 1966). Beim treibenden Rothirsch läßt sich vielleicht das auffallende Vorstrecken des Trägers, das einen restlichen Anklang an den Halskampf der Huftiervorfahren darstellt, so deuten. Beim Halskampf überkreuzten die Rivalen ihre Träger und drückten damit gegeneinander, der eine nach oben, der andere nach unten. Andere Verhaltenselemente des Halskampfes können wir auch beim Kontaktverhalten zwischen Brunfthirschen und Kahlwild beobachten, wie gleich noch zu sehen sein wird.

Zum Beschlag selbst kommt es nur dann, wenn das Tier von sich aus paarungsbereit ist. Das ist nur innerhalb einer kurzen Zeitspanne während des Oestrus der Fall. Wir müssen dafür eine vorwiegend innere Reizung der Tiere verantwortlich machen. Inwieweit auch das Brunftverhalten des Hirsches das Tier beeinflußt, etwa das Röhren, das Treiben und Belecken, läßt sich noch nicht vermuten. Bei genauer Beobachtung erkennen wir das zum Beschlag bereite Tier an seinem Verhalten: der Wedel ist angehoben, und die Behaarung um das Feuchtblatt herum ist leicht gelüftet. Das Tier wirkt bewegungsgehemmt. Es unterbricht häufig das Äsen, bleibt stehen und beugt auch leicht die Hinterläufe.

Läuft der Hirsch ein paarungsbereites Tier zum Treiben an, so flüchtet dieses nicht davon. Es bleibt stehen und erwartet den Hirsch in Demutsstellung mit gesenktem Haupt. Es präsentiert ihm den gekrümmten Rücken, die Hinterläufe

Abb. 8   Aufreiten zum Beschlag

sind eingewinkelt, der Wedel ist jetzt nach oben gerichtet. Dies ist die Paarungs-
stellung, auf die der Hirsch mit dem Beschlag reagiert. Dazu beleckt er meistens
zuerst das Feuchtblatt, erregt zuckt die Brunftrute, dann schiebt sich der Hirsch mit
dem Vorderkörper über das Tier. Bei der Vereinigung preßt er die Vorderläufe fest
um den Rumpf des Tiers. Im Augenblick der Samenausschüttung stößt er sich mit
den Hinterläufen vom Boden ab und wirft den Körper steil nach oben. Für einen
Augenblick hat er keine Berührung mit dem Erdboden — ein sicheres Anzeichen
des Beschlags (s. Abb. 8 u. 9). Der Hirsch führt also einen Begattungssprung
aus, der Akt des Beschlags ist sehr kurz. Durch diesen Sprung wird das Tier nach
vorne geschoben, der Hirsch fällt hinter ihm wieder auf seine Läufe ab. Er steht
hinter dem Tier und röhrt. Das Tier verharrt noch am Platz, den Rücken ge-
krümmt, den Wedel gelüftet. Häufig näßt es danach und scheidet einen Teil des
Ejakulats wieder aus. Dann normalisiert sich seine Haltung allmählich, während
der Hirsch sich wieder dem Rudel widmet. Doch kommt es in vielen Fällen auch
zu einem Paarungsnachspiel. Nicht immer führt das erste Aufreiten bereits zum
Beschlag. Ich zählte bis zu 11 ergebnislose Aufritte, ehe der Hirsch schließlich die
Begattung ausführte. Kriterium für den Beschlag selbst ist der Begattungssprung,
wie er vorhin geschildert wurde (vgl. DARLING 1937). Zwar kann der Hirsch in der

Tat mehrmals innerhalb eines kürzeren Zeitraums beschlagen, doch sind viele dieser entsprechenden Angaben (v. RAESFELD 1957) mit Skepsis zu betrachten, da nur wenigen Beobachtern das Verhalten des Begattungssprungs wirklich bekannt zu sein scheint.

Von Paarungsspielen gibt DARLING (1937) interessante Beobachtungen wieder. Das soeben beschlagene Tier reitet auf dem Hirsch auf, die Rollen werden also vertauscht. Gegenseitig belecken sich die Partner. Das Tier läuft den Hirsch von vorne an und reibt seinen Körper entlang dem seinen. Beide berühren sich mit dem Windfang und machen dann schnelle vibrierende Beißbewegungen, bis ein leichter Schaum aus Speichel an den Winkeln des Äsers austritt. Bei diesem Verhalten kann sich das Paar einen Individualgeruch einprägen, auch wirkt es als ein Beschwichtigungsmittel. Es ist ebenso bei Hirschen zu beobachten, denen ein Überlegener nahe kommt. In der Tat ist der Platzhirsch dem Kahlwild weit überlegen, es weicht ihm ja normalerweise aus. Aber bei der engen Annäherung zur Paarung muß diese soziale Differenz abgebaut werden. Ich beobachtete auch gelegentlich, daß sich brunftige Tiere unter dem Hals des Hirsches hindurchschieben, ein Verhalten aus dem Ritual des Halskampfes, auf das vorher schon hingewiesen wurde. Ferner kommt es vor, daß Tiere mit den Hinterläufen nach dem Hirsch auskeilen. Auch zu Bewegungsspielen können die Tiere übergehen. Sie verfolgen sich spielerisch abwechselnd und entfernen sich dabei mitunter etwas vom Rudel — verliebte Paare mögen keine Gesellschaft. Doch diese Bindung dauert nur ein paar Minuten, dann findet der Platzhirsch in seine Rolle als Bewacher des Rudels zurück, das Tier ist wieder eines von vielen und wird nicht sonderlich mehr beachtet.

Verweilen wir noch etwas bei den Verhaltenssignalen, die beim Brunfthirsch das Beschlagen auslösen. Sie sind vorwiegend optischer Natur und nicht so sehr geruchlich geprägt, wie man das vielleicht beim Hirsch als einem Makrosmatiker vermuten würde. Aufschluß hierüber geben uns Beobachtungen von fehlgeleitetem Paarungsverhalten, bei dem Hirsche irrtümlich zum Beschlag veranlaßt wurden. Sie verwechselten dabei gekrümmte Körperstellungen der Partner mit der Paarungsaufforderungshaltung. So etwas kommt gelegentlich bei Schußverletzungen vor, wenn angeschweißte Stücke mit eingezogenem Hinterteil am Platz verharren. Manche Jäger berichten dann erstaunt, daß Hirsche des Rudels versucht hätten, auf diesen beschossenen Tieren zum Beschlag aufzureiten. Das Verhalten erklärt sich also aus der Ähnlichkeit der Stellung verwundeter Tiere mit der Paarungshaltung. Die gelegentlich geäußerte Behauptung, daß der Blutgeruch der angeschweißten Tiere den Beschlag auslöse (BENINDE 1937), ist logisch nicht recht verständlich und braucht nicht zuzutreffen. Das zeigten mir Beobachtungen, bei denen auch auf unverletzten Tieren aufgeritten wurde. Der Jäger kann solche

Feststellungen an halbhoch gegatterten Wildwiesen machen, die vom Rotwild überflohen werden. Vor dem Gatter winkeln die zum Sprung ansetzenden Tiere ihre Hinterläufe ein und krümmen den Körper, um sich kräftiger abstoßen zu können. Diese Haltung sieht sehr ähnlich aus wie die Paarungsaufforderung und wird in der Tat vom Hintermann mißverstanden, der auf dem zusammenge-krümmten Tier aufzureiten versucht.

Übrigens spielt das Geschlecht der Tiere keine so entscheidende Rolle. Ich sah sowohl Kahlwild untereinander, Hirsche untereinander und auch Kahlwild auf Hirschen aufreiten und umgekehrt. Von ähnlichen Beobachtungen berichtete mir SHORT (mündl.), der in Schottland Hirsche in freier Wildbahn mit dem Narkose-gewehr immobilisierte. Die bewegungsgehemmten vom Pfeil getroffenen Hirsche wurden gelegentlich von den anderen sofort »beschlagen«, obwohl sich bei dem sehr kleinen Einstich der Injektionsnadel sicherlich noch kein Schweißgeruch ver-breitet haben konnte.

Eine ausgefallene Beobachtung hierzu machte ich zur Brunft 1969 im Woburn Park. Der stärkste Platzhirsch war in einem erbitterten Kampf mit einem Rivalen leicht an den Hinterkeulen geforkelt worden. Am folgenden Tag verhielt er sich ziemlich ruhig und stand in leicht gekrümmter Haltung beim Rudel. Ein möglicher-weise brunftiges Übergehendtier reagierte auf dieses Signal auf seine Weise: es ritt auf den reglos stehenden Platzhirsch auf und wiederholte diese Aufritte ein halbes dutzendmal innerhalb von 20 Minuten! Interessant war, daß der Hirsch das völlig ruhig über sich ergehen ließ, ja, er hielt ausgesprochen still, wenn sich das Tier von hinten näherte und ihn um das Weidloch herum beleckte, um dann anzuspringen. Aufreiten des Kahlwildes im Paarungsnachspiel auf den Hirsch ist ja auch in freier Wildbahn geläufig. In diesem Falle wurde es aber durch die Kör-perhaltung des verletzten Hirsches ausgelöst.

Bevor wir uns dem Ritual der Brunftkämpfe und den verwickelten Handlungen zuwenden, mit denen die Hirsche ihre Brunftplätze besetzen und »ihr« Kahlwild-rudel verteidigen, wollen wir uns hier noch mit dem auch dem Laien geläufigen Brunftverhalten befassen: mit dem Röhren der Brunfthirsche und ihren übrigen Brunftlauten. Das Röhren, der eigentliche Brunftschrei, wird vom Hirsch in einer Serie aufeinanderfolgender Rufe ausgestoßen. Der Schrei selbst ist besonders beim alten Hirsch ein tief liegender, langgezogener und weithin zu hörender Laut. In der Rufserie ist der erste Ton am mächtigsten und am längsten ausgedehnt, die folgenden Töne werden immer leiser. Eine Rufserie besteht meistens aus 3—8 Einzelrufen.

Diese Grundform des Röhrens vernehmen wir vom Brunfthirsch 1. spontan ohne äußerlich erkennbaren Anlaß, 2. nach dem Treiben eines Stückes Kahlwild, 3. nach dem Zurücktreiben eines Stückes zum Rudel im Anschluß an den Sprengruf, 4. als Antwort auf das vernommene Röhren eines anderen Brunfthirsches, 5. als Reaktion auf den Anblick von Kahlwild, Beihirschen oder Rivalen, 6. im Anschluß an alle sonstigen sexuellen wie kämpferischen Handlungen und nach dem Territoriumsmarkieren. Wie wir sehen, geht dem Röhren meistens eine Brunfthandlung voraus. Überhaupt muß hervorgehoben werden, daß alle Brunfthandlungen gewöhnlich in einer ganzen Kette von Verhaltensweisen ausgeführt werden. Dabei steigern sich die Handlungen allmählich und werden dann von einem bestimmten Ausdrucksverhalten, meistens eben dem Röhren, abgeschlossen. Eine häufig zu sehende Handlungskette ist z. B. beim Treiben: Anvisieren eines Stückes Kahlwild — lineares Einstellen mit der Körperlängsachse — Anlauf zum Tier — Treiben des Tieres mit Kopf-Vorstrecken und Lecken — Stehenbleiben — Röhren. Beim schon beschriebenen Zusammentreiben des Rudels beobachten wir eine andere Sequenz: Anvisieren eines Stückes Kahlwild — lineares Einstellen der Körperlängsachse — Anlauf seitlich am Tier vorbei — wiegender Imponierschritt vor dem Tier mit Eckzahndemonstrieren — lineares Zurückjagen des Tieres zum Rudel — Sprengruf — Stehenbleiben — Röhren.

Der schon erwähnte Sprengruf ist eine Folge ruckartig und schnell hintereinander hervorgestoßener Laute. Die einzelnen Töne sind dabei ein kurzes, dunkles Bellen. Mit dem Sprengruf begleitet der Hirsch nur Verhalten des Verjagens, gleicherweise unterlegener Rivalen oder auch von Kahlwild, das sich vom Brunftrudel entfernt hat und das er wieder dorthin zurücktreibt. Allgemein möge aber festgehalten werden, daß sämtliche Brunftlaute bisweilen spontan aus den Hirschen hervorbrechen, in Situationen, die in keiner Weise der zugedachten Lautäußerung entsprechen, und ohne daß wir einen äußerlich wahrnehmbaren Anlaß fänden. Der Brunfthirsch ist eben stimmfreudig, sehr im Gegensatz zu seinem Verhalten im normalen Tageslauf. Ich konnte z. B. wiederholt beobachten, daß Brunfthirsche ihnen begegnende Menschen einfach mit Schrecklauten anbellten und sich nur zögernd zurückzogen. Kampf und Paarungsverhalten stehen in der Brunftzeit im Vordergrund, um Feinde und Äsung kümmert sich der Brunfthirsch wenig.

Abwandlungen des Röhrens hören wir vor allem während der Ruheperiode und im Zusammenhang mit Brunftkämpfen. Ruhende Hirsche stoßen oft nicht den vollen Schrei aus, sondern *knören* halblaut mit geöffnetem Äser, ein langgezogener Ton mit nasaler Färbung. Vor Brunftkämpfen und in Pausen zwischen einzelnen Kampfgängen röhren Hirsche mit dem sogenannten *Kampfschrei*. Ihre Stimme ist dann tiefer, heiser gefärbt und wirkt gepreßt. Es können einzelne Rufe hervorgestoßen werden oder aber auch wiederum Rufserien. Letztere unterscheiden sich von denen des normalen Röhrens dadurch, daß sich die Einzelrufe in ihrer Stärke steigern und nicht vermindern.

Die Stimmen aller Hirsche sind individuell verschieden. Der geübte Beobachter kann sie bald im Revier unterscheiden. Die Rufe variieren in der Höhe der Stimmlage, in ihrer Länge und Stärke und in den verschiedensten qualitativen Färbungen. Bei mehrjähriger Beobachtung von mir individuell bekannten Hirschen stellte ich zusätzlich fest, daß auch die Körperhaltung beim Röhren in starkem Maße von der individuellen Veranlagung geprägt ist. Das Röhren ist ja auch ein optisch sehr ausdrucksvolles Verhalten: das Geweih wird weit nach hinten zurückgelegt, der voll geöffnete Äser zeigt nach oben, der Körper wird nach vorne gestreckt und dadurch die mächtige, bemähnte Vorderpartie, die auf den Vorderläufen ruht, besonders betont. Beim Vergleich vieler Photographien und Filme, die ich im Verlauf der Jahre von denselben Hirschen eines Bestandes machte, sah ich eindrucksvoll, wie die einzelnen Hirsche diese Bewegungen bis ins Detail nach ihrer individuellen Eigenart ausführten und dieses Bewegungsmuster über Jahre hinweg beibehielten.

Durch das Röhren der Hirsche erfahren wir auch aus der Ferne von ihrem Verhalten. Hören wir die Brunftschreie in kurzen Abständen, so wissen wir, daß der Hirsch aktiv ist und Kahlwild treibt. Serien von Sprengrufen künden uns an, daß er Beihirsche verjagt oder sich bemüht, das Brunftrudel zusammenzuhalten. Verstummt der Hirsch allmählich und hören wir nur noch in langen Pausen ein nasales Knören, so wissen wir, daß er sich zur Ruhe niedergetan hat. Mehrere Platzhirsche stehen über große Entfernung hinweg miteinander in Verbindung, sie rufen und antworten einander, und das Zusammenspiel ihrer Stimmen belebt die Herbstnächte mit einem gewaltigen Klang. Verstehen wir die Bedeutung der einzelnen Laute, so können wir mit etwas Ausdauer den gesamten Tageskreislauf der Brunftrudel verfolgen. Durch Auszählen der Brunftschreie, des Knörens und der Sprengrufe fand ich, daß das Brunftverhalten des Platzhirsches etwa alle 1½ Stunden auflebt. Die direkte Beobachtung bei Tage zeigte mir, daß dies meistens in die Zeit des Aktivitätswechsels beim Kahlwild fällt. Dann ist das Kahlwild zwar aktiv, verharrt aber noch auf einer Stelle und gibt dem Brunfthirsch besonders Gelegenheit zum Treiben und zu Annäherungsversuchen. Hier liegt die Ursache für die lebhafte Verhaltensperiodik und für die kürzeren Ruhe- und Aktivitätsperioden des Brunfthirsches, auf die im Kapitel über den Tageslauf schon hingewiesen wurde.

Brunftkämpfe und Brunftplätze

Der erregende Zauber der Hirschbrunft findet seinen Gipfel im Ritual der Brunft-kämpfe. Hier entfalten sich Kraft, Schnelligkeit und Kampfgeist der Hirsche in ihrer vollen Größe. Ich muß gestehen, daß ich als junger Student bei meinen ersten Beobachtungen von Brunftkämpfen vor lauter Aufregung und Anteilnahme Notiz-buch und Verhaltensprotokoll vergaß. Später spürte ich gezielt diesen Ereignissen nach und stellte schließlich auf Grund von 27 beobachteten Brunftkämpfen einen Film über das Verhalten der kämpfenden Hirsche zusammen. Ich bemühe mich hier, das Allgemeingültige aus meinen Aufzeichnungen herauszufiltern, bin mir aber jedoch darüber im klaren, daß die Kämpfe in ihrem Ablauf stets unterschied-lich sind und uns immer wieder neu erscheinen.

Brunftkämpfe mit ihrem vollen Verhaltensinventar werden in der Regel nur von im großen und ganzen erwachsenen Hirschen ausgeführt, also vom etwa 5. bis 6. Kopf an aufwärts. Da dem eigentlichen Kampf im Normalfall ein Imponier- und Drohzeremoniell vorausgeht, bei dem sich die Rivalen einschätzen können, treffen im Kampf meistens nur annähernd gleichstarke Hirsche zusammen. Aller-dings unterlaufen den Hirschen hier auch Fehleinschätzungen, sie sind oft zu sehr kampfmäßig engagiert und stellen sich so auch offensichtlich überlegenen Rivalen.

Wann kommt es überhaupt zu Brunftkämpfen? Am stärksten neigen Platzhirsche, die ein Brunftrudel bewachen, zum Kampf. Kommen sich zwei Brunftrudel zu nahe, so kann man fast mit Sicherheit einen Kampf unter den beiden Platzhirschen erwarten. Gewöhnlich aber vermeiden diese eine solche Begegnung, sondern im-ponieren nur durch Röhren aus der Ferne und trachten danach, einen gebührenden Abstand zu halten. Eine andere Ausgangssituation ist der Angriff eines Hirsches ohne Rudel auf einen Platzhirsch, der seinen Harem verteidigt. In den zahllosen Kampfschilderungen der Jagd- und sonstigen Literatur mit oft recht zweifelhaften Beobachtungen ist diese Situation die nahezu ausschließliche. In der Praxis ist sie aber nicht so zwingend wie die zuerst aufgezeigte, da der Platzhirsch meistens im Imponier- und Drohduell die Oberhand behält. Das liegt daran, daß auf Grund des altersabhängigen Hormonzyklus die ältesten und stärksten Hirsche zuerst Platzhirsche werden, ihre Position mit größerem Einsatz behaupten und körper-lich den später in Konkurrenz tretenden Hirschen überlegen sind. Diese Situation ändert sich erst in fortgeschrittenem Brunftstadium, wenn sich bei den ältesten Hirschen schon Brunftmüdigkeit zeigt. Abgesehen davon gibt es aber auch Fälle, in denen kapitale Hirsche ausgesprochene Eroberungszüge antreten. Sie verlassen mitunter ihr Brunftrudel, besiegen alle Platzhirsche der näheren Umgebung und kehren am Ende wieder zu ihrem Brunftplatz zurück.

Verfolgen wird den Verlauf des Brunftkampfes. Zu Beginn erhalten die beiden Rivalen durch ihren Brunftschrei voneinander Kunde. Sie treten dann in einem Ruf-und-Antwort-Spiel miteinander in Verbindung. Sind beide Rivalen kampfwillig, so ziehen sie, ständig noch in akustischer Fühlungnahme, aufeinander zu. Dabei zeigen sie schon aggressive Imponierhandlungen wie Bodenforkeln und Plätzen. Kommen sie gegenseitig in Sichtweite, so verstärken sie diese Ausdrucksverhalten. Meistens bewegen sich die Hirsche jetzt auffallend langsam vorwärts. Sie schreiten nämlich mit steifbeinig gespannten Läufen und gesenktem vorgestrecktem Träger und imponieren in dieser Haltung dem Rivalen. Sie weisen

Abb. 9 Beschlag.
Der Hirsch führt einen Begattungssprung aus, bei dem er sich mit den Hinterläufen vollständig vom Boden abstößt.

ihm vorwiegend die Breitseite ihres Körpers zu. Von diesem Zeitpunkt an wird oft das Röhren eingestellt, die weitere Verhaltensfolge wird stumm vollzogen. Im Imponierschritt, die Breitseite einander zugekehrt, begegnen sich die Hirsche in einigem Abstand und schreiten zunächst einmal einfach aneinander vorbei. Nun können beide umkehren und das gleiche wiederholen. Schließlich wendet aber einer der Rivalen früher um, aus der verkehrt parallelen Stellung zueinander ist eine parallele geworden. Dies ist die Ausgangsposition zum parallelen Imponiermarsch, wie er gelegentlich von Beobachtern geschildert wird (z. B. BENZEL 1967, DARLING 1937). Parallel zueinander, ziehen die Hirsche weiterhin im Imponierschritt vorwärts. Sie haben noch einmal Gelegenheit, sich gegenseitig einzuschätzen. Immer enger werden ihre Bahnen, sie kehren bisweilen auch ein oder mehrere Male um und ziehen weiter wie ein paarweises Gespann mit unsichtbarem Gefährt.

Gibt keiner der Rivalen beim Imponiermarsch nach, so kommt es schließlich bei nur geringem Abstand in paralleler Stellung zum Kampf. So schnell, daß unser Auge kaum zu folgen vermag, werfen sich die Hirsche mit einer Vierteldrehung zueinander herum und fahren mit ihren Geweihen zusammen. Die ganze Wucht ihres Körpers liegt hinter diesem Stoß. Mit gebundenen Geweihen stemmen sich die Rivalen wie zwei gespannte Federn gegeneinander. Noch frisch sind ihre Kräfte beim ersten Zusammenprall, noch verharren die Gegner mit ineinandergepreßten Geweihen am Platz. Nur die hervortretenden, bis zum Zerreißen gespannten Muskelstränge künden von der Kraft der Bewegung. Doch muß einer dem übermächtigen Druck weichen, ein paar Schritte vielleicht, bis er sich wieder mit den Läufen im Boden verankert. Nun drängt er seinerseits nach vorne, der andere weicht aus. Das wechselt oft, und immer weiter schieben sich die Rivalen über den Kampfplatz. Gegen Kampfende, wenn beiden die Kräfte ermüden, können sie sich wechselseitig mit kaum faßbarer Geschwindigkeit Geweih an Geweih über den Boden schieben. Dabei läuft der Schwächere rückwärts und versucht angestrengt, dem Gegner Einhalt zu gebieten und sich wieder in den Boden zu stemmen. Abgesehen von diesem frontalen Schiebekampf, kennen die Hirsche auch noch eine Ablenkung des frontalen Stoßes in eine Kreisbewegung. Dabei sind die Geweihe wie immer ineinandergepreßt, doch drehen sich die Hirsche um den Fixpunkt der Geweihe wie eine Kompaßnadel. Die auf den Boden gedrückten Endenspitzen hinterlassen dort kreisförmige Risse, die während des Umeinanderdrehens in die Erde geritzt werden. Vor allem bei ausgewogenem Kräfteverhältnis neigen die Hirsche zu diesem Kreiselkampf. Natürlich können Kampfpausen eingelegt werden, in denen sich die Gegner kurz voneinander lösen, breitseits imponieren und röhren. Es ist zu beobachten, daß sie dabei voneinander wegsehen. Jede frontale Wendung würde vom Gegner sofort wieder mit Kampf beantwortet, aber das ist in der Pause ja nicht beabsichtigt. Wegsehen dagegen wirkt neutralisierend (TINBERGEN 1966).

Der Kampf endet, wenn einer der Rivalen seine Unterlegenheit spürt und zu entfliehen sucht. Dazu nutzt er einen Augenblick aus, in dem der gegnerische Kampfdruck etwas nachläßt. Blitzschnell reißt er sein Geweih aus der Bindung, wirft sich um 180 Grad herum und saust in langen Fluchten davon. Der überraschte Gegner setzt ihm nach und stößt den Sprengruf, den Ruf des Verjagens Unterlegener, aus. Übrigens hindert ihn diese reflexartig einsetzende Instinkthandlung, bei der der Kopf ruckweise hochgeworfen wird, auch am Zustoßen mit dem Geweih und am Forkeln des Flüchtenden. Der Sieger verfolgt ihn nur eine kurze Strecke, bleibt dann stehen und röhrt ihm nach. Dann wendet er sich wieder dem Rudel zu, gelegentlich noch imponierend durch Bodenforkeln, Plätzen und Röhren.

Im Kapitel über das Geweih habe ich schon darauf hingewiesen, daß die Kämpfe der Rothirsche nicht die Verwundung oder gar das Töten des unterlegenen Artgenossen zum Ziel haben, sondern daß es sich mehr um eine Art Turniere handelt, in denen der Stärkere ermittelt wird. In den meisten Schilderungen und auch in bildlichen Darstellungen vom Brunftkampf der Hirsche kommt diese Tatsache jedoch kaum zum Ausdruck. Die kämpfenden Hirsche werden vielmehr vermenschlichend mit jenem heroischen Pathos umhüllt, wie es sich phantasiereiche Geister nun einmal bei Entscheidungen über Leben und Tod vorzugaukeln gewöhnt sind. Die Wirkung ist verheerend, hat sie doch in breiten Bevölkerungskreisen die Begriffe der Naturgesetze und des biologisch Sinnvollen vernebeln geholfen. Ich möchte daher noch einmal aus dem Brunftkampfverlauf alle ritualisierten Verhaltensweisen und die feine gegenseitige Abstimmung aller Handlungen zwischen den Gegnern herausstellen.

Das kampfeinleitende Droh- und Imponierzeremoniell stellt eine Abfolge von sich steigernden aggressiven Verhaltensweisen dar, eine *Verhaltenssequenz*. Beide Rivalen reagieren wechselseitig auf ein Verhalten des andern, und so kommt es zu einem geregelten Zusammenspiel, dem gemeinsamen Kampfritual. Wir sprechen von ritualisiertem Verhalten, wenn sich eine Handlung von ihrer ursprünglichen Aufgabe entfernt und zu einem Ausdrucksverhalten im sozialen Verkehr abgewandelt wird (EIBEL-EIBESFELDT 1967). Die Entwicklung dieser Abwandlung ist oft so kompliziert, daß wir bei der Erklärung vieler Ausdrucksbewegungen des Rothirsches noch lange im Dunkeln tappen werden. Ansätze hierzu gibt es gelegentlich. So vermutet z. B. BENINDE (1937), daß sich das Röhren ursprünglich aus dem Schrecken herleiten könnte. Gezielte Untersuchungen zu diesem Fragenkomplex fehlen meines Wissens noch. Im Rahmen meiner Beobachtungen kam ich zu Teilergebnissen, wie ich sie bereits in den Kapiteln, in denen von den Beziehungen der Tiere untereinander die Rede ist, geschildert habe.

Das soziale Ausdrucksverhalten ist überall dort bedeutsam, wo sich Tiere gegenseitig über ihre Absichten verständigen und gemeinsam handeln müssen. Dabei ist es gleich, ob sie miteinander oder gegeneinander arbeiten. Beim Kampf, wo es auf blitzschnelles Reagieren ankommt, ist eine solche Verständigung besonders wichtig. Eine Fülle von ritualisierten Ausdrucksverhalten finden wir im Brunft-kampf: das Röhren, das Imponierschreiten, das Breitseitsimponieren, das Boden-forkeln und Plätzen, das Geweihstoßdrohen und den Sprengruf. Hinzu kommen noch Beschwichtigungs- und Unterlegenheitsgebärden sowie verschiedene, oft schwer zu durchschauende Verhaltenskombinationen wie z. B. das Imponieren ge-gen Rivalen durch gesteigerte Überlegenheitsdemonstrationen an Unterlegenen. Die Abfolge all dieser Verhalten in der vorhin erwähnten Sequenz, die schließlich im Kampf selbst gipfelt, läßt sich beim Rothirsch sehr anschaulich verfolgen. Frei im Gelände, nehmen die Rivalen auf große Entfernung hin Kontakt auf, nähern sich, treten optisch durch ein Verhaltenszeremoniell in Verbindung, stimmen ihre Kampfhandlungen mehr und mehr aufeinander ab, werden räumlich und reaktions-mäßig immer enger zusammengeführt und sind schließlich zu einer unfaßbar schnellen, gemeinsamen Reaktion, der ersten Geweihbindung durch Vierteldrehung fähig.

Das synchrone Zusammenprallen mit dem Geweih aus dem parallelen Imponier-schritt heraus geht nahezu perfekt vor sich. Sogar der erfahrene Wildforscher A. BUBENIK erzählte mir davon bewundernd (Hirschbrunft 1967), daß er bei seinen Beobachtungen noch nie entscheiden konnte, von welchem der beiden Hirsche nun die erste Kampfinitiative ausgegangen sei. Im folgenden Jahr fand ich dann bei genauen Filmstudien mit Einzelbildanalysen heraus, daß auch bei diesem Ver-halten eine gegenseitige Abstimmung in der Geschwindigkeit von Sekunden-bruchteilen vollzogen wird. Um aus der Parallelstellung heraus nach einer Viertel-drehung den Gegner in der gleichen Stellung mit dem Geweih zu treffen, muß der Hirsch ja eine ganz bestimmte Bewegungsfolge durchlaufen. Die Intentions-bewegung hierzu ist eine Kopfdrehung um die Längsachse in Richtung zum Ri-valen hin. Diese Drehung wird natürlich vom Geweih mitvollzogen und so optisch verstärkt. Sie ermöglicht das gemeinsame Reagieren, das dem Beobachter so un-verständlich gleichzeitig erscheint. Später, als ich in der darauffolgenden Brunft wiederum kämpfende Hirsche beobachtete, konnte ich dann auch ohne Film nur mit dem Fernglas diese Intentionsbewegungen wahrnehmen. Sie wurden beson-ders deutlich von Hirschen mit Kampfhemmung ausgeführt, und nun sah ich auch, daß während des Parallelmarsches öfters schon einer der Rivalen die Intentions-bewegung zeigte, ohne daß der andere sofort darauf reagiert hätte. Damit sind alle Behauptungen mancher Autoren über Flankenangriffe bei Rothirschen als Phantasie entlarvt. Die Hirsche versuchen keineswegs, dem andern in die Flanke zu stoßen, sondern begegnen sich, fein aufeinander abgestimmt, frontal mit dem Geweih. Nur dann wird mit dem Geweih zugestoßen, wenn der Gegner seinerseits frontal pariert. Die Kampfentscheidung fällt durch ein faires Messen der Kräfte und nicht durch Blutvergießen. Der Brunftkampf der Rothirsche ist also kein Beschädigungskampf, sondern mehr ein *Kommentkampf*, ein Kampf nach festgelegten Regeln. Nur ein geringer Bruchteil von Hirschen wird im Brunftkampf geforkelt, was sich bei der Heftigkeit, mit der die Kämpfe geführt werden, nicht vermeiden läßt. Dies gilt natürlich nur für einen biologisch ausgewogenen Wildbestand in freier Wildbahn. Daß angeborenes Verhalten im Gehege fehlgeleitet werden kann, ist bekannt und auch in diesem Buch schon mehrfach zur Sprache gekommen, darf aber nicht verallgemeinert werden.

Die Angriffslust des Brunfthirsches gegenüber Rivalen und seine Neigung, als **Platzhirsch** bei einem Kahlwildrudel zu stehen, führt zu einer zeitweiligen Gebietsverteidigung, die dem Territorialverhalten anderer Huftiere ähnlich sieht. Da ganz bestimmte Brunftplätze, meistens Äsungsplätze des Kahlwildes, von den Hirschen bevorzugt werden, entsteht der Eindruck, daß die Platzhirsche diese Brunftplätze verteidigen. In Wahrheit ist aber beim Rothirsch die Bindung an das Kahlwild stärker als die an den Brunftplatz. Infolgedessen folgt der Platzhirsch seinem Brunftrudel auch außerhalb des eigentlichen Brunftplatzes und duldet, wo immer es auch sei, in einem bestimmten Umkreis keine Rivalen.

Der Brunftplatz ist gewöhnlich eine freie und ebene Fläche, auf der das Kahlwildrudel äst, mit fortschreitender Brunft auch ruht und wiederkaut, und auf der der Platzhirsch den überwiegenden Teil aller Brunfthandlungen ausführt. Je nach Größe der Fläche können nun mehrere Brunftrudel mit je einem Hirsch darauf Platz finden oder aber nur ein Platzhirsch mit seinem Rudel. In den Hochwildgebieten des deutschen Mittelgebirges ist die letztere Situation im allgemeinen häufiger. Ein Brunfthirsch mit seinem Rudel besetzt eine Wiese oder eine Waldblöße und läßt keinen anderen Hirsch herankommen. Nur jüngere Beihirsche bis etwa zum 4.–5. Kopf halten sich am Rand des Brunftplatzes auf (s. Abb. 10). Der Platzhirsch bemüht sich, das Brunftrudel geschlossen beisammen zu halten und bleibt selbst meistens sehr eng beim Rudel. Er steht durch das regelmäßige Röhren mit den Platzhirschen der Umgebung in Verbindung und markiert dadurch akustisch seinen Standort (vgl. hierzu SCHLOETH 1974). Daneben zeigt er jedoch auch optisch ausdrucksvolles Imponierverhalten, z. B.: Plätzen, Bodenforkeln und demonstratives Suhlen und Wälzen. Diese Verhalten werden oft zeremoniellartig in einer bestimmten Abfolge mit dem Röhren verbunden, z. B.: Plätzen — Bodenforkeln — Hinlegen — Wälzen — Aufstehen — Röhren. So entsteht eine Handlungskette, die viele Male in derselben Reihenfolge durchlaufen werden kann.

Besonders hervorzuheben ist das Bodenforkeln, weil es mehrere Komponenten des optischen Ausdrucksverhaltens mit olfaktorischer Gebietsmarkierung kombiniert. Das Bodenforkeln wirkt imponierend, weil die Kampfhandlung ziemlich wirklichkeits-

Zusammenschluß
einzelner, alter Hirsche:
zwei Hirsche vom
9. Kopf im Frühjahr.

Scherzende Junghirsche,
die sich zu einem
heftigeren Scheinkampf
gesteigert haben.

Zwei Alttiere drohen sich vor dem Schalenkampf an

Alttier beleckt sein Kalb

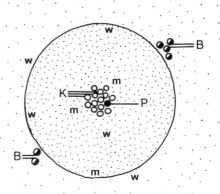

Abb. 10   Brunftplatz.
Schema. Punktierte Kreisfläche:
verteidigter Umkreis um den Standpunkt des Rudels. P: Platzhirsch,
K: Kahlwild, B: Beihirsche am Rand
dieses verteidigten Umkreises,
m: Brunftkuhlen, in denen der Hirsch
sich niedertut und wälzt, w: mit dem
Geweih aufgewühlte Stellen im Boden
zum Imponieren gegen Rivalen.

getreu nachgeahmt wird. Nur ist kein Gegner da, sondern der Erdboden dient als Ersatzobjekt. Gleichzeitig aber mit der Bewegung des Geweihstoßens ist ein Zucken und Hervorschieben der Brunftrute, das Erigieren des Penis, zu beobachten. Penis-demonstration ist ein im Tierreich häufig festgestelltes Ausdrucksmittel bei der opti-schen Territoriumsmarkierung. Nun spritzt der Hirsch dabei auch ejakulationsartig Urin aus, tut sich danach oft nieder und wälzt sich in der so aufgewühlten und benäßten Brunftkuhle. Alle diese Handlungen sind in der entsprechenden Weise von territorialen Tierarten bekannt. Durch Urin und Drüsensekrete erhalten die Mar-kierstellen eine Duftmarke, die von Neuankömmlingen überprüft wird. Auch Platz-hirsche bewinden zuerst prüfend die Brunftkuhlen und die Scharr- und Wühlstellen am Boden, wenn sie abends am Brunftplatz ankommen.
Es wurde schon erwähnt, daß Platzhirsche von Jahr zu Jahr dieselben Brunftplätze bevorzugen. Sie treffen dort oft erst nach einer Wanderung über viele Kilometer ein. Es läßt sich vermuten, daß diese Festlegung auf ein Gebiet durch den prägen-den Einfluß der ersten Brunfterlebnisse des jungen Hirsches zustande kommt. Es ist aber noch weniger beachtet worden, daß sich auch das Kahlwild im Laufe der Brunft mehr und mehr an den Brunftplatz bindet. Ich habe dies im Kapitel über den Aktionsraum schon angedeutet. Bei der Schilderung des Brunftverhaltens führte ich aus, daß der Platzhirsch mit einem besonderen Imponierverhalten das Brunftrudel zusammenzuhalten versucht. Dieses Verhalten wird nun im Laufe der Brunft um so intensiver, je mehr Nebenbuhler sich um das Kahlwild bemühen.

Es ist ein Erfolg dieses Verhaltens, daß sich das Kahlwild schließlich immer länger auf dem Brunftplatz aufhält und in ungestörten Revieren sogar tagelang dort bei einem Platzhirsch verweilen kann. Das spiegelt sich am deutlichsten in der Veränderung des täglichen Aktionsraums wider.

Untersuchungen hierzu stellte ich in dem Naturreservat der schottischen Insel Rhum an. Mehrmals täglich trug ich auf einer Geländekarte alle Beobachtungspunkte bestimmter Kahlwildrudel ein. Da einige Tiere mit farbigen Lauschermarken gekennzeichnet waren, ließen sich die Gruppen auseinanderhalten. Aus

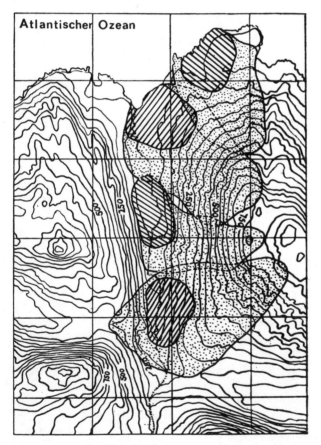

Abb. 11
Aktionsraum des Kahlwildes vor und während der Brunft. Beobachtung in einem Flußtal der Insel Rhum, Innere Hebriden, Schottland.
Punktierte Fläche: Tagesaktionsraum von vier Kahlwildrudeln unmittelbar vor der Brunft.
Schraffierte Fläche: Tagesaktionsraum von vier Kahlwildrudeln während des Brunfthöhepunkts.
Näheres im Text.

der Beobachtungsserie konnte ich dann später den durchschnittlichen Aktionsraum des Kahlwildes sowie seine Größe zu Beginn und während der Hochbrunft bestimmen. Das Ergebnis zeigte ein erstaunliches Zusammenschrumpfen des Aktionsraums auf beinahe nur ein Drittel der normalen Größe (s. Abb. 11). Dabei blieben merkwürdigerweise die vier beobachteten Kahlwildrudel im großen und ganzen zusammen in ihrem Wohnraum und verlagerten lediglich den Schwerpunkt ihres Aufenthalts auf die Brunftplätze. Der tägliche Aktionsraum zum Brunfthöhepunkt deckte sich schließlich mit den Brunftplätzen selbst. Entsprechende Feststellungen machte ich auch im Woburn Park, doch weniger stark ausgeprägt. Ansätze zu diesem Verhalten lassen sich auch in Deutschland beobachten, doch zwingt die Störung durch den Menschen die Brunftrudel tagsüber in die Einstände zurück.

Die soziale Rangordnung

In Hirschrudeln und wahrscheinlich auch beim Kahlwild haben alle Einzeltiere eine genau festgelegte Stellung: bestimmten Rudelgefährten sind sie überlegen, während sie andere ihrerseits respektieren müssen. Hat ein Tier nur wenige Überlegene zu fürchten, und dominiert es selbst über die anderen, so hat es eine starke soziale Position. Wird es aber von den meisten Rudelgefährten eingeschüchtert und dominiert nur über wenige, so ist seine soziale Stellung untergeordnet. Je nach der Stärke ihrer Dominanz kann man also alle Tiere eines Rudels in einer bestimmten Reihenfolge einordnen. Diese Reihenfolge mit ihren unterschiedlichen Stufen der sozialen Stellung nennen wir die *soziale Rangordnung*, die jeder organisierten Rudelgemeinschaft zugrunde liegt. Sie verbindet alle Einzeltiere mit einem komplizierten Netz von Dominanzverhältnissen. Dadurch wird ein geregeltes Zusammenleben im Rudelverband möglich, obwohl Tiere mit hohem sozialem Rang selektiv eine Bevorzugung genießen.

Dem Beobachter bleibt dieses geheimnisvolle System der Ranghierarchie zwar meistens verborgen. Doch ist es von starkem Einfluß auf das Leben im Rudel, und bei der Jagd wirkt es sich sehr verschieden aus, ob ein Tier mit hohem, mittlerem oder untergeordnetem Rangplatz erlegt wird. Daher möchte ich hier die Grundzüge der sozialen Rangordnung und ihrer Funktion anhand der erst in den letzten Jahren bekanntgewordenen Forschungsergebnisse erläutern. Zugleich soll dieses Kapitel den Sinnabschnitt des sozialen Verhaltens, der Beziehungen der Tiere untereinander also, abschließen. Die soziale Rangordnung ist eine verfeinerte Durchgliederung der Rudelgemeinschaft und müßte somit eigentlich im Zusammenhang mit der sozialen Organisation betrachtet werden. Ich stelle sie dennoch an den Schluß der Kapitel über das Gemeinschaftsleben des Rotwildes, weil wir hierbei bis zu der genauen Untersuchung von Einzeltieren und ihren individuellen Gewohnheiten vordringen müssen. Damit kommen wir in ein Grenzgebiet, in dem die Möglichkeiten der reinen Beobachtung enden.

Die Rangordnung in Hirschrudeln beruht darauf, daß die Hirsche einander persönlich kennen und die Frage der sozialen Dominanz in turnierartigen, kämpferischen Auseinandersetzungen oder auch lediglich in Droh- und Imponierduellen entscheiden. Die Art dieser Auseinandersetzungen und die Form des Drohverhaltens richten sich dabei nach dem Geweihzyklus. Damit unterscheiden sich Rothirsche von einigen anderen Huftieren, bei denen das individuelle Erkennen keine Rolle spielt, sondern die einander an äußeren Rangsymbolen abschätzen und auf diese Weise ohne Auseinandersetzungen rangmäßig einordnen. Zwar wurde auch gelegentlich für Hirsche eine solche Rangsymbolwirkung des Geweihs angenommen (HEDIGER 1946, 1966, BRUHIN 1953), doch lassen sich diese Vermutungen aus den später durchgeführten Untersuchungen und Experimenten, z. B. von LINCOLN u. a. 1970, und von meinen Beobachtungen nicht bestätigen. Ich gehe darauf im Verlauf des Kapitels noch genauer ein.

Wenn in einem Hirschrudel die Dominanzentscheidungen zwischen allen Partnern gefällt sind, so führt dies in der Regel zu einer linearen Rangordnung. Darunter versteht man eine gleichförmige Abstufung der Rangplätze, bei der jedes Einzeltier eine Rangstufe besetzt. Für die soziale Dominanz bedeutet dies, daß der Spitzenhirsch über alle anderen dominiert. Der zweithöchste Hirsch dominiert über alle andern mit Ausnahme des Spitzenhirsches. Der dritthöchste im Rang ist allen folgenden überlegen außer dem Hirsch der 1. und 2. Rangstufe usw. Der rangniedrigste Hirsch schließlich muß als »Prügelknabe« alle Rudelmitglieder respektieren (s. Abb. 12).

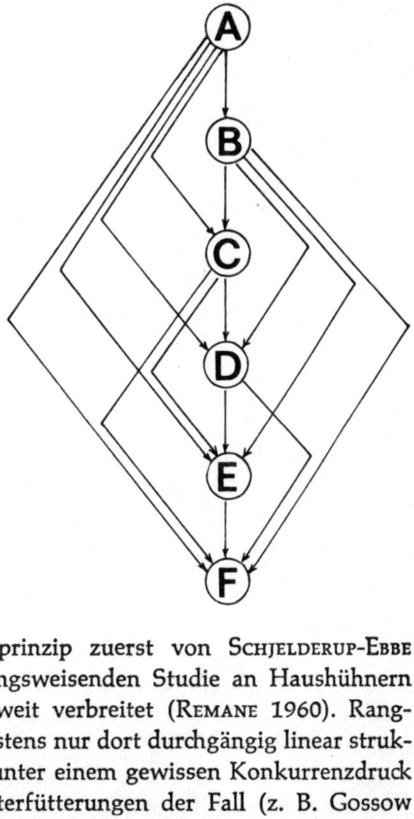

Abb. 12 Lineare Rangordnung. Schema. Die Buchstaben bezeichnen Tiere einer Gruppe, die alphabetische Reihenfolge gibt gleichzeitig die Reihenfolge der Ranghöhe an. A: Spitzentier. Die Pfeile bezeichnen Dominanzbeziehungen und weisen mit der Spitze auf den Unterlegenen. Näheres im Text.

Lineare Rangordnungen, deren Strukturprinzip zuerst von SCHJELDERUP-EBBE (1922) in einer vielbeachteten und richtungsweisenden Studie an Haushühnern erkannt wurde, sind unter Wirbeltieren weit verbreitet (REMANE 1960). Rangordnungen von Hirschrudeln sind aber meistens nur dort durchgängig linear strukturiert, wo eine stabile Gruppe möglichst unter einem gewissen Konkurrenzdruck steht. Dies ist besonders häufig bei Winterfütterungen der Fall (z. B. Gossow 1971, mündl. Mitt.). LINCOLN u. a. (1970), die experimentell das ganze Jahr über in freier Wildbahn Hirschrudel fütterten, erzielten am Futterplatz ebenfalls eine

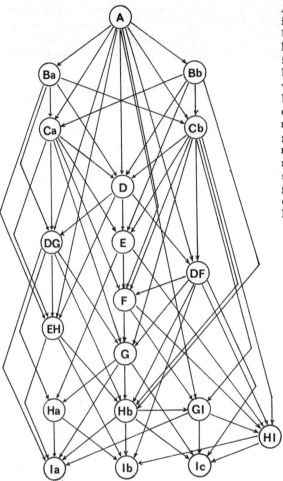

Abb. 13 Rangordnung
im Hirschrudel.
Untersucht wurde ein 19-
köpfiges Geweihenrudel beim
freien Äsen im Woburn Park,
England, März/April 1967,
vor dem Geweihabwurf.
Die Rangordnung ist linear,
doch bei einigen Rangstufen
nicht mehr klar durch-
gegliedert. Die Buchstaben
mit Zahlenindizes bezeichnen
mehrere Hirsche einer Rangstufe, die Doppelbuchstaben
geben Zwischenstellungen
einzelner Hirsche an.
Näheres im Text.

lineare Rangordnung im Hirschrudel. Ich selbst kam bei Rangordnungsstudien an
frei äsenden Hirschrudeln im Woburn Park zu anderen Ergebnissen. In den vier
aufeinanderfolgenden Jahren 1967–1970 stellte ich im Frühjahr vor dem Geweihabwurf stets nur eine teilweise geprägte Rangordnung fest. Sie folgte zwar dem
linearen Prinzip, ließ jedoch mehrere Dominanzentscheidungen offen (s. Abb. 13).
So mußten oft mehrere Hirsche einer Rangstufe zugeordnet werden. Vor allem in
den unteren Bereichen war die Rangordnung nicht vollkommen durchgegliedert.

Ähnliches fanden auch BROWMAN and HUDSON (1961) beim amerikanischen Maultierhirsch *(Odocoileus hemionus)*. Ich glaube, daß diese Verhältnisse am besten den Rangbeziehungen der Hirsche in freier Wildbahn entsprechen. Sehen wir einmal von der Winterfütterung ab, so stehen die Hirsche jahrüber unter keinem besonderen Zwang zur Auseinandersetzung, und außerdem wechselt die Zusammensetzung der Rudel ständig. So werden viele Dominanzbeziehungen nicht entschieden, oder die Hirsche »vergessen« sie wieder nach längerer Trennung, wie ich beobachtet habe.

Wir dürfen uns nicht vorstellen, daß die Hirsche nun etwa dieses ganze Rangsystem im Kopf hätten. Dem einzelnen ist nur bekannt, welchen seiner Rudelgefährten er über- oder unterlegen ist. Sie wissen auch nichts von der sozialen Stellung der anderen (vgl. SCHLOETH 1961a). Der Hirsch steht immer im Mittelpunkt der Welt, die ihn umgibt, und er erfaßt bevorzugt nur diejenigen Vorgänge, die ihn direkt angehen. Deshalb reagiert er rangmäßig am schärfsten auf seine nächsten Rangnachbarn. Von denjenigen, die ihm unterlegen sind, muß er Konkurrenz befürchten. Gegen die Dominanten richtet er selbst seine Angriffe. Er tastet sozusagen ihre Kampfstärke ab und benutzt einen Augenblick ihrer Schwäche oder auch eine zufällige Situation, um sie zu unterwerfen.

Um einen Eindruck von der Entwicklung der Rangpositionen verschiedener Hirsche zu bekommen, beobachtete ich dreieinhalb Jahre lang ein Hirschrudel im Woburn Park zu verschiedenen Jahreszeiten. Ich hatte mir Steckbriefe von den einzelnen Hirschen angefertigt und konnte sie alle ohne Markierung auseinanderhalten. Bei der langjährigen Kontrolle ihrer sozialen Rangstellung fand ich eine lebhafte Entwicklung vor allem bei den jüngeren Hirschen. Sie gesellten sich wie üblich etwa im 2.–3. Lebensjahr zum Rudel und erzielten dann einen verschieden starken Ranganstieg in den folgenden Jahren. Da sich die älteren Hirsche zeitweise vom Rudel lösten, konnten fünfjährige Hirsche schon mitunter bis in die Spitzenstellung aufrücken. Manche übersprangen in einem einzigen Jahr 3–5 Rangstufen.

Welche Kräfte sind nun für die soziale Stellung des einzelnen Hirsches verantwortlich? Diese Frage rührt an die individuelle Eigenart der Tiere. Was ihre Beantwortung so schwierig macht, ist, daß hier ein ganzer Komplex von Faktoren wirkt, und zwar in einer unübersehbaren Fülle von Kombinationen. So wirken sich bei Dominanzverhältnissen Körpergröße, Körpergewicht und Alter aus. Aber auch zwischen gleich großen, gleich schweren Hirschen und Hirschen im gleichen Alter gibt es Rangunterschiede. Diese kommen durch die individuelle Neigung zum Kampf, durch unterschiedliche Kampferfahrung, durch die Heftigkeit und Wirksamkeit des Droh- und Imponierverhaltens und nicht selten auch durch Zufälle bei der Auseinandersetzung selbst zustande. Gleichzeitig wirkt sich die jeweilige

Ranghöhe selbst wieder auf die Kampfinitiative aus. Ranghohe Hirsche sind in der Regel selbstbewußter als rangtiefe und setzen sich stärker in Auseinandersetzungen durch. Im Rahmen einer Untersuchung über den Rothirsch habe ich diesen Zusammenhängen eine eingehende Studie gewidmet (BÜTZLER 1974), deren Einzelheiten ich hier nicht alle ausführen möchte. Eine vorzügliche, kurzgehaltene Zusammenfassung über die soziale Rangordnung kann bei REMANE (1971, S. 56–88) nachgelesen werden. Halten wir fest, daß allgemein Eigenschaften des Körpers und des Verhaltens die soziale Stellung beeinflussen und daß diese Eigenschaften altersmäßig, individuell und je nach den Umweltbedingungen verschieden ausfallen. An diesen Fragenkomplex möchte ich noch kurz eine gesonderte Betrachtung anfügen, die sich mit dem Einfluß des Geweihs auf die Rangstellung befaßt.

Das Geweih soll nach der inzwischen weit verbreiteten Behauptung einiger Beobachter (HEDIGER 1946, BRUHIN 1953) für die soziale Rangstellung direkt verantwortlich sein. Die Hirsche sollen das Geweih als Rangsymbol betrachten, indem sie Trägern großer Geweihe einen hohen Rang zuordnen, während sich solche mit kleineren Geweihen als rangtief ausweisen. Diese Ansicht ist nach den jetzt in jüngster Vergangenheit vorliegenden Untersuchungen von LINCOLN, SHORT and YOUNGSON (1970), von GOSSOW (mündl. Mitt. 1970) und nach meinen eigenen Studien in dieser allgemeinen Form nicht mehr zu halten. Zwar stimmt es, daß in einem Hirschrudel die Träger der größten Geweihe meistens auch die ranghöchsten sind. Wie sich aber bald bei meiner Arbeit herausstellte, ist hierfür zuerst die Altersabstufung im Rudel verantwortlich. Das erwies sich, nachdem ich die gefundenen Abwurfstangen von Hirschen vermessen und wiegen konnte, deren Rangstellung mir vor dem Geweihabwurf bekannt war. Die graphische Darstellung über den Zusammenhang Geweihgewicht — Rangstellung — Alter möge hier diesen Befund veranschaulichen (Abb. 14). In der Rangordnung 1967 mit breitem Altersklassenspektrum fällt auf den ersten Blick auf, daß mit abnehmendem Geweihgewicht auch die Ranghöhe abnimmt. Unter den gleichaltrigen Hirschen des folgenden Jahres ließ sich dagegen diese Beziehung nicht mehr nachweisen. Man muß also den Schluß ziehen, daß die altersmäßig verschiedene Entwicklung der Hirsche ihre Rangstellung bestimmt hat und daß sich die Geweihgröße nur scheinbar hierbei auswirkt. Ein entsprechender Vergleich der Stangen- und Augsprossenlänge gab übrigens denselben Sachverhalt wieder.

Die Ansicht, daß die Geweihgröße als Rangsymbol wirke, leitet sich aus der Beobachtung her, daß ranghohe Hirsche nach dem Abwerfen auf niedrige Rangplätze absinken (HEDIGER 1946, 1966). Das ist jedoch auf ganz andere Gründe zurückzuführen. Hirsche eines Rudels erkennen sich nämlich, abgesehen von anderen Merkmalen, an ihrem Geweih. Fehlt dieses, so behandeln die Hirsche ihren plötzlich geweihlosen Partner als Fremdling, greifen ihn an und besiegen ihn natürlich

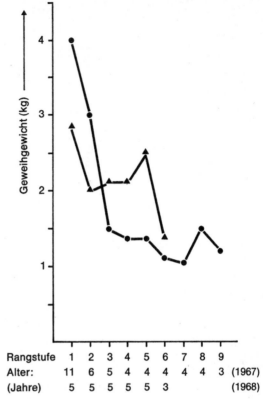

Abb. 14 Geweihgewicht und Rangordnung.
Die graphische Darstellung zeigt eine positive Beziehung, doch ist diese vom Alter der Hirsche abhängig. Dies geht aus dem Vergleich der Werte von 1967 für ein Hirschrudel mit breitem Altersspektrum mit denen von 1968 für fast ausschließlich 5jährige Hirsche hervor. Näheres im Text.

Rangstufe	1	2	3	4	5	6	7	8	9	
Alter:	11	6	5	4	4	4	4	4	3	(1967)
(Jahre)	5	5	5	5	5	3				(1968)

in der Regel. Auf dieses Verhalten wurde in einem früheren Kapitel schon hingewiesen. Außerdem wirkt es sich auch aus, daß der Hirsch nach dem Geweihabwurf durch Störungen des Gleichgewichts und des Muskeltonus beeinträchtigt ist. Er vollführt oft minutenlang nach dem Geweihabwerfen absonderliche Balance- und Drehbewegungen mit Haupt und Träger, auf die die anderen Hirsche mit oft gemeinsamen Angriffen reagieren (s. Abb. 15). Diese bringen dann regelmäßig seine Rangstellung zu Fall.

In der Zeit des Geweihabwurfs ist die soziale Rangordnung aus den oben geschilderten Ursachen in starker Bewegung. In der Regel werfen die ältesten und stärksten Hirsche zuerst ab (HAGER 1965). Die Gründe hierfür hängen mit dem verschieden schnellen Absinken der Testosteron-Konzentration im Frühjahr zusammen und sind noch nicht genau geklärt. Diese meist ranghohen Hirsche fallen auf

Abb. 15 Hirsch nach dem Geweihabwurf mit Gleichgewichtsstörungen. Die einseitige, plötzliche Entlastung des Kopfes veranlaßt ihn zu drehenden Bewegungen mit Kopf und Träger (s. Text).

niedrige Rangplätze zurück, und gegen Ende der Geweihabwurfszeit ist die Reihenfolge der Rangordnung dann beinahe umgekehrt. Haben alle Hirsche, auch die jüngeren, schließlich abgeworfen, so wird die alte Rangordnung wieder hergestellt. Sie enthält jedoch Abweichungen, da bei der anderen Kampfesweise zur Kolben- und Bastzeit andere Eigenschaften zum Tragen kommen können als beim Geweihkampf.

Über den biologischen Sinn der sozialen Rangordnung bei Hirschen hat der amerikanische Wildbiologe V. Geist (1966) Überlegungen angestellt. Er wies bei seinen langjährigen Forschungen an nordamerikanischen Wildschafen nach, daß diese ihren Rang nach der Größe ihrer Schnecken abschätzen. Das gestattet ihnen, in einer »offenen Gesellschaft« zu leben, in die sich Neuankömmlinge ohne Auseinandersetzungen einordnen können. Angeregt durch die Arbeiten Hedigers, vermutete er das gleiche Verhalten auch bei Hirschen. Das kampflose rangmäßige Einordnen anhand der Geweihgröße, insbesondere zur Brunft, solle den Hirschen Energie sparen, die sie für das Durchstehen des Winters brauchten. Tatsächlich vermindert eine geordnete Ranghierarchie die Auseinandersetzungen und Konflikte in der Rudelgemeinschaft. Die Hirsche haben mehr Zeit für die übrigen lebensnotwendigen Handlungen, sparen so in der Tat Energie und können mehr Äsung aufnehmen. Allerdings findet eine Rangeinschätzung an der Geweihgröße, wie sie von Geist vermutet wird, nicht statt. Fremde Artgenossen werden auf Grund der sozialen Tendenz, der Neigung zum Zusammenschluß, in den Rudelverband aufgenommen und ordnen sich dort im Laufe der Zeit in orientierenden Turnierkämpfen rangordnungsmäßig ein.

Gerade zur Brunft spielt die Geweihgröße erstaunlicherweise eine untergeordnete Rolle. Ich habe die Dominanzverhältnisse von Platzhirschen im Woburn Park drei Jahre lang verfolgt und fand, daß die Rangfolge völlig unabhängig von der Geweihgröße war und in auffallender Weise sogar auch vom Alter der Brunfthirsche. Ein drastischer Einzelfall möge dies unterstreichen. 1966 war ein Kronenhirsch vom elften Kopf mit kapitalem Geweih der stärkste aller Platzhirsche. In der folgenden Bastzeit brachen durch einen Unfall beide Stangen in halber Höhe ab. Zur Brunft erschien er mit einem »Sechsergeweih« auf dem Plan, unterwarf mehrere vielendige Kronenhirsche und behauptete sich mit einem Dutzend Stück Kahlwild fast die ganze Brunft hindurch erfolgreich! Im folgenden Jahr hatte er wieder das stärkste Kapitalgeweih aufgesetzt, war aber trotz lebhaften Brunftverhaltens einigen Hirschen mit geringerem Geweih unterlegen. LINCOLN und SHORT berichteten mir, daß sich in ihrem Untersuchungsgebiet sogar ein Hirsch mit experimentell amputiertem Geweih erfolgreich mit einem Kahlwildrudel behauptet hatte. Wie ist so etwas möglich? Die Antwort liegt im Ablauf des Kampfrituals selbst. Ich habe bereits geschildert, wie der Brunftkampf von einem Droh- und Imponierduell eingeleitet wird, an den sich ein paralleler Imponiermarsch anschließt. Die Dominanz wir dabei oft schon durch die Intensität dieses Imponierverhaltens entschieden. Beim Parallelmarsch schließlich schätzen sich die Rivalen an der Umrißgröße ihres Körpers, vor allem des Vorderkörpers mit Träger und Mähne, ab. Das Geweih scheint dabei nicht in nennenswertem Maße berücksichtigt zu werden, wie meine vorangestellten Ausführungen erkennen lassen.

Aufschlußreich sind Experimente mit künstlich veränderter Geweihgröße, die LINCOLN, SHORT and YOUNGSON (1970) in Schottland durchführten. Ich fasse kurz die für diese Betrachtung wichtigsten Ergebnisse zusammen: die soziale Rangstellung veränderte sich nicht, wenn das Geweih künstlich vergrößert wurde. Dieses Experiment erreichten die Forscher durch große Geweihstangen, die mit Schrauben an dem bis auf Stümpfe abgesägten, echten Geweih befestigt wurden. Auch das Absägen aller Sprossen und Enden eines Geweihs hatte keine Auswirkungen. Dagegen verloren die Hirsche ihren Rangplatz im Rudel, wenn die Geweihe bis auf Stümpfe abgesägt wurden. Das bedeutet also, daß ein Hirsch sich ohne normal entwickeltes Geweih, an dem mindestens die Stangen in voller Höhe erhalten sein müssen, gegen seine Rivalen nicht mehr durchsetzen kann. Ein wichtiges Ergebnis aller Versuche war, daß nach jeder Veränderung der Geweihform die zum Rudel zurückkehrenden Hirsche in auffallender Weise in Kämpfe verwickelt wurden. Die Rudelmitglieder erkannten sie also nicht mehr und hielten sie für Fremdlinge.

Eine wichtige Auswirkung der sozialen Stellung in der Brunft ist der Fortpflanzungserfolg. LINCOLN u. a. (1970) und ich selbst registrierten die Rudelgröße der einzelnen Platzhirsche mit bekannter Rangstellung. Übereinstimmend fanden wir, daß die ranghöchsten Platzhirsche auch die weitaus größten Brunftrudel besaßen. Wir können als sicher annehmen, daß sie auch mehr Stücke Kahlwild im Laufe der Brunft beschlugen als die rangtieferen. So werden also im Zuge der sozialen Ranghierarchie selektiv die erfolgreichsten Hirsche zu Vererbern in der Brunftzeit.

Wildbestand und Wilddichte

In biologischer Sicht ist der Wildbestand oder auch die Wildpopulation eines zusammenhängenden Verbreitungsgebiets eine örtlich gebundene Fortpflanzungsgemeinschaft. Auch bei der Jagd und Hege haben wir es stets mit der größeren Einheit des Bestandes zu tun und mit ihrem jährlichem Zuwachs, der von Geschlechterverhältnis, Bestandsaufbau und Umwelt abhängt. Es ist also wichtig, die Bestandsgröße und -dichte zu kennen, wobei die Verteilung der Tiere im Raum wiederum ihren arteigenen Gesetzen folgt. Im Bezug auf das Fortpflanzungsgeschehen und auf die Bestandsveränderungen ist es notwendig, innerhalb des Bestandes die Gruppen der Jungtiere, der Halbwüchsigen, der Ausgewachsenen und der überalterten Tiere auseinanderzuhalten. Von dort können wir die Verbindungslinie zu den Rudelgemeinschaften der Hirsche und des Kahlwildes ziehen. Nachdem diese und davor die Einzeltiere in den vorangegangenen Kapiteln betrachtet worden sind, können wir nun den Bogen zusammenhängend vom Einzeltier über die sozialen Gruppen bis zum Gesamtbestand spannen. Von diesem müssen später noch Geschlechterverhältnis, Altersgliederung und Zuwachs- und Mortalitätsrate zur Sprache kommen.

Es geht aus dieser einleitenden Betrachtung schon hervor, daß die Feststellung der Bestandsgröße, die Wildzählung, nur dann sinnvolle Ergebnisse bringt, wenn sie für ein größeres Gebiet nach einheitlicher Methode und innerhalb derselben Zeit durchgeführt wird. Nach Möglichkeit sollte überall gleichzeitig in einem zusammenhängenden Rotwildgebiet gezählt werden. Das ist um so wichtiger, je kleiner das Gesamtgebiet ist. Es hat sich bisher wohl am meisten bewährt, die Zählungen im Winter anhand der Fährten und des an der Fütterung stehenden Wildes vorzunehmen. VORREYER (RAESFELD 1957) empfiehlt eine zweimalige Zählung bei Spurschnee, die jedoch nicht unmittelbar nach einer Neuen vorgenommen werden sollte, denn das Rotwild bleibt nach einem frischen Schneefall gerne eine Zeitlang im geschützten Einstand.

Der Erfolg der herkömmlichen Zählungen, auf deren Grundlage der Abschuß für das folgende Jagdjahr festgelegt wird, kann trotz aller anerkannten Mühe nicht recht überzeugen. Der Hauptgrund hierfür liegt in der Zersplitterung der Rotwildgebiete in kleine Jagdbezirke, deren Inhaber bzw. Verwalter vielfach unterschiedliche Interessen und Probleme haben. Organisatorische Schwierigkeiten werden so durch die allgegenwärtigen Konflikte des menschlichen Miteinanders vergrößert. Hinzu kommen natürlich methodische Unsicherheiten, die jeder kennt, der einmal solche Zählungen durchgeführt hat. Überschreitet man nämlich eine bestimmte

Flächengröße als kleinste Zähleinheit, so wird das darauf stehende Wild nicht registriert. Andererseits ist die Absprache mit dem Reviernachbarn über zugewechseltes oder abgewechseltes Wild nicht immer so einfach, was zu Doppelzählungen führt. Immerhin gibt es als Resultat meistens doch eine mehr oder weniger genaue Schätzung, deren Wert sich vor allem aber erst an längerfristigen, durchschnittlichen Abschußzahlen messen läßt. In der Auseinandersetzung mit freilebenden Tieren wird es eben immer Unzulänglichkeiten geben, dazu ist die Aufgabe zu schwer. Aber was könnte man tun, um bei den Wildzählungen zu genaueren Ergebnissen zu kommen? Fortschritte dabei lassen sich, soviel ist klar, nur mit größerem Einsatz und besserer Zusammenarbeit innerhalb der Rotwildringe erzielen.

Es fällt auf, daß Schalenwildbestände in der Regel zahlenmäßig zu niedrig veranschlagt werden, wobei das körperlich kleinere Rehwild noch mehr unterschätzt wird als das größere Rotwild. Auch ein Zusammenhang mit der bei diesen beiden Wildarten so verschiedenen Lebensweise ist denkbar. Rehe leben, einzeln oder in Familien, lange Zeit in verteidigten Territorien, Rothirsche dagegen gesellig in Rudeln. Bei Rehen beobachten wir häufig Einzeltiere und kleine Familien, beim Rotwild dagegen kleinere bis größere Trupps und Rudel. Es würde bei den Zählungen erheblich zur Genauigkeit beitragen, wenn die Größe von Rotwildrudeln und ihre Zusammensetzung auch außerhalb des Winters in den Revieren eines Gebiets festgestellt würde, vor allem mit genauer Angabe des Beobachtungsorts oder Eintragung in eine Übersichtskarte. Besonders dazu geeignet sind Brunftrudel während der Hochbrunft sowie Wild- und Kolbenhirschrudel im Frühjahr. Gute Revierkenntnis und Mithilfe zuverlässiger Beobachter (interessierte Waldarbeiter u. a.) sind für den Erfolg ebenso Vorbedingung wie Offenheit und Vertrauen innerhalb der Hegegemeinschaften. Es ist die Einsicht nötig, daß bei gezielter gemeinsamer Aktion auch für den Einzelnen mehr dabei herausspringt, als wenn bestehende Mißstände so bleiben, wie sie sind.

Eine andere Möglichkeit genauerer Wildzählungen ist die Beobachtung markierter Tiere. Dazu müssen in einem Rotwildgebiet gleichviel Tiere und Hirsche der verschiedenen Altersgruppen mit sichtbaren Lauschermarken versehen werden. Registriert man die Anzahl aller bei den Reviergängen beobachteten Tiere mit und ohne Lauschermarken, so kann man nämlich aus dem Verhältnis beider Zahlen auf den Gesamtbestand schließen. Hierzu teilt man in einem einfachen Dreisatz die Anzahl der überhaupt im Gebiet markierten Tiere durch die Anzahl der beobachteten markierten Tiere und nimmt mit dem Quotienten die Anzahl der beobachteten nichtmarkierten Tiere mal. Durch Addition der markierten und der nicht markierten Tiere erhält man die Zahl des Gesamtbestandes. Für den Zweck der Wildzählung genügt eine einheitliche Wildmarke, doch ist es aufschlußreich, die verschiedenen Jahrgänge mit jeweils einer anderen Farbe zu markieren.

Die Wildmarkierung hat in Mitteleuropa vielerorts Gegner innerhalb der Jägerschaft, wenn auch in immer geringerem Maße. Hinter vielen vorgebrachten Gründen versteckt sich oft einfach ein Gefühlsmoment: Farbige Lauschermarken paßten nicht zum Wild, sie beeinträchtigten das Jagderlebnis, weil das Wild, mit einem künstlichen Anhängsel versehen, nicht mehr jene Urhaftigkeit ausstrahle, die der Jäger so schätze. Diese Gefühle sind verständlich, wenn übergroße Lauschermarken oder farbige Kragen bei den Hirschen angebracht wurden, die weithin leuchten. Ich habe mich daher vorwiegend in der Praxis für kleinere Lauschermarken, deren Farbe mit dem Fernglas aber gut zu erkennen ist, entschieden. Mit dem bloßen Auge und auch bei der Routinebeobachtung mit dem Glas, bei der man ja keineswegs nun immer die Lauscher absucht, sondern sich auf den Körper, das Verhalten und das Geweih konzentriert, fallen diese Marken jedoch gar nicht auf. Ich habe Zweifler am schnellsten durch praktische Demonstration der von mir markierten Hirsche überzeugt. Ihnen fiel bei der Beobachtung zunächst »gar nichts Falsches auf«, und erst, wenn ich sie auf einzelne markierte Tiere aufmerksam machte, sahen sie dann die unauffällig angebrachten Farbmarken.

Die überall im landwirtschaftlichen Handel erhältlichen Plastikmarken verschiedener Größe lassen sich ohne weiteres auch bei Hirschen verwenden. Ich habe gute Erfahrungen mit runden bis ovalen Marken von der Größe eines Zweimarkstücks gemacht, die mit einer Zange unter Schonung der Blutgefäße in der Mitte der Lauscher, in $1/3$ ihrer Länge vom Lauscheransatz entfernt, festgeclipt werden. Das geht bei einiger Übung schnell und ohne Schmerzreaktion der Tiere vor sich. Die Fangmethode dazu wird sich je nach den Revierverhältnissen richten. Am einfachsten ist die Markierung der sich drückenden Kälber, die übrigens durch die Lauschermarken in ihrem Wachstum in keiner Weise beeinträchtigt werden. Hier empfiehlt es sich, die Perforationsstelle der Lauscher mit einer desinfizierenden Paste zu bestreichen, die gleichzeitig Fliegen fernhält. Umständlicher, wenngleich wirkungsvoll, ist der Fang in Futterhütten im Winter. Dabei ist es günstig, wenn die Tiere in einem dunklen Raum verbleiben oder in eine abgedunkelte Box geleitet werden können, da sie dann nicht in Panik ausbrechen und sich verletzen. Für die Handhabung bei der Markierung vermeidet man Komplikationen durch Angstausbrüche, wenn man die Tiere mit der Narkosepistole für einige Minuten einschläfert und nach der Markierung freiläßt.

Die Immobilisierung von Huftieren in der freien Wildbahn mit dem Narkosegewehr, wie sie bei der Wildforschung in den Steppengebieten Afrikas so geläufig angewandt wird, ist in unseren Rotwildrevieren sehr problematisch. Die mit dem Geschoß injizierten Drogen wirken nämlich erst nach mehreren Minuten, und bis dahin kann das Wild mitsamt dem getroffenen Tier über alle Berge sein. In unseren unübersichtlichen Wäldern ist es dann schwer wiederzufinden und kann mitunter an den Auswirkungen des Narkosemittels verenden. Man sollte daher nur in Sonderfällen mit den entsprechenden tierärztlichen Mitteln und Kenntnissen vom Narkosegewehr Gebrauch machen, wenn man einigermaßen sicher ist, das beschossene Tier solange unter Kontrolle zu halten, bis die Narkosewirkung einsetzt.

Doch verlassen wir jetzt diese kurze methodische Betrachtung, und kommen wir zur Nutzanwendung der Wildzählung, zunächst zur Regulierung der Wilddichte. Die Wilddichte wird allgemein angegeben als die Stückzahl der Tiere, bezogen auf eine bestimmte Fläche. In der Praxis hat es sich — leider — als notwendig erwiesen, die Wildzahl auf eine Fläche von 100 ha zu beziehen, was auf die bedauernswerte Verkleinerung der Jagdbezirke zurückzuführen ist. Es liegt auf der Hand, soll aber hier wegen häufig beobachteter Mißverständnisse noch einmal betont werden, daß das lediglich ein theoretischer Wert ist. Das Rotwild als gesellig lebendes Rudeltier ist in seinem Verbreitungsgebiet nicht gleichmäßig verteilt, sondern gruppiert sich schwerpunktmäßig in bevorzugten Geländeausschnitten. Dies ist im Zusammenhang mit seinem Raum-Zeit-System (vgl. das Kapitel »Einstand und Wechsel«) zu verstehen und mit seinem sozialen Verhalten. Daher kann man die Wilddichte nicht wie einen beliebigen Wert hinauf- oder hinunterschrauben, wenn man Wildschäden bekämpfen möchte, denn die Wildschäden stehen mit der Wilddichte nicht in einem linearen Verhältnis.

In richtungsweisenden Studien hat UECKERMANN (1956, 1960) neue Grundlagen für die Festsetzung einer angemessenen Wilddichte geschaffen. Um den Begriff der Wilddichte klarer zu bestimmen, unterscheidet er zwischen der wirtschaftlich tragbaren und der biotisch tragbaren Wilddichte. Die Wilddichte ist wirtschaftlich tragbar, »wenn die bei ihr auftretenden Wildschäden mit den gegenwärtig zur Verfügung stehenden Hilfsmitteln wirtschaftlich abgewehrt werden können« (Zit. S. 32). Biotisch tragbar ist die Wilddichte, wenn sich die Körper- und Geweihqualität des Rotwildes nicht verschlechtert und wenn keine seuchenartigen Erkrankungen auftreten. Es ergibt sich bei dieser einfachen Begriffsbestimmung, daß in Mitteleuropa die biotisch tragbare Wilddichte normalerweise höher angesehen wird als die wirtschaftlich tragbare Wilddichte. Bei kritischer Beobachtung der Voraussetzungen im Revier, z. B. der vorhandenen Äsung, erscheint das aber keineswegs so selbstverständlich. Wie dem auch sei, in der Praxis wird die wirtschaftlich tragbare Wilddichte gefordert, und zwar von seiten der Jägerschaft verständlicherweise die obere Grenze derselben.

Der weithin hallende Brunftschrei des Platzhirsches ▶

Im Laufe langjähriger Revierversuche hat UECKERMANN (1960) eine Möglichkeit gefunden, für verschiedene Revierqualitäten abgestuft die wirtschaftlich tragbare Wilddichte anzugeben. Anhand einfacher Kriterien kann für das Revier eine Standortwertziffer ermittelt werden, die eine Aussage über die Qualität des Reviers als Lebensraum für die verschiedenen Schalenwildarten gibt. Auf dieses Bewertungssystem möchte ich hier nicht näher eingehen, da für den praktischen Rotwildjäger diese Anleitungen UECKERMANNS ohnehin unentbehrlich sein sollten. Je nach der Revierqualität gibt UECKERMANN als wirtschaftlich tragbare Wilddichte für geringe Standorte 1,5 Stück Rotwild pro 100 ha an, für mittlere Standorte 2,0 Stück pro 100 ha und für gute Standorte 2,5 Stück pro 100 ha. Es ist sofort deutlich, daß bei diesen Wilddichten in den allzusehr aufgeteilten Rotwildrevieren heute nur eine gemeinschaftliche Bestandsregulierung geplant und vorgenommen werden kann, wie es von Rotwildringen bereits praktiziert wird. Auf dieses Thema soll in einem abschließenden Kapitel über die Anwendung jagdbiologischer Kenntnisse in der Praxis noch einmal im Zusammenhang mit verwandten Fragen zurückgekommen werden.

Der Wildbestand und damit auch die Wilddichte ändern sich gesetzmäßig im Jahreslauf durch den Zuwachs an Jungtieren und durch die Abgänge an kranken, schwachen und überalterten Tieren sowie durch Unfälle. Da natürliche Feinde des Rotwildes in Mitteleuropa fehlen, fällt die Aufgabe der Bestandsregulierung in erster Linie dem Menschen zu. Die biologisch wie landeskulturell sinnvolle Bestandshöhe ist erste Voraussetzung für einen gesunden Wildbestand im beschränkten Lebensraum des Wildes in unseren Zivilisationsländern. Die Höhe des Wildbestandes sowie die Zuwachs- und die Mortalitätsrate aber hängen von der Bestandsgliederung ab, also von der Zusammensetzung nach Geschlecht und Altersgruppen. Danach können bei gleicher Bestandshöhe Zuwachs und Mortalität verschieden sein. Da der jährliche Abschuß bei richtiger Bestandshöhe der Nettobilanz aus jährlichem Zuwachs und jährlicher Mortalität entsprechen muß, bestimmt die Bestandsgliederung unmittelbar auch die Jagd. Befassen wir uns unter diesem Gesichtspunkt im nächsten Kapitel mit der Bestandsgliederung beim Rotwild.

Knörender Brunfthirsch im Bett

◄ Flehmender Hirsch

Bestandsgliederung nach Alter und Geschlecht

Wie es sich bei der Betrachtung der Bestandshöhe schon zeigte, ist die Zusammensetzung des Wildbestandes nach Alter und Geschlecht von größtem Einfluß auf seine Entwicklung. Eine Änderung der Zusammensetzung wirkt sich nicht nur auf die Höhe der jährlichen Zuwachsrate, sondern auch auf die Höhe des möglichen Abschusses in den einzelnen Altersgruppen aus. Strebt man einen möglichst hohen Abschuß an alten Hirschen an, so kann man dies durch entsprechende Gestaltung des Bestandsaufbaus erreichen. Dieses Ziel ist übrigens nur in Mitteleuropa und in manchen anderen Ländern mit Trophäenjagd so. In vielen anderen Gebieten dagegen möchte man in erster Linie Wildbret und daher die höchstmögliche Fortpflanzungsrate erreichen, weswegen dort der Hirschanteil so gering wie nur möglich gehalten wird.

Das Geschlechterverhältnis wird durch ein Zahlenpaar ausgedrückt, das den Bestand an männlichen Tieren (erste Zahl) zum Bestand an weiblichen Tieren (zweite Zahl) in Beziehung setzt. Ein Geschlechterverhältnis von 1:1 sagt aus, daß ebensoviel Hirsche wie Kahlwild im Bestand vorhanden sind. Bei einem Geschlechterverhältnis von 1:1,5 gibt es 50 % mehr Kahlwild als Hirsche, es könnte sich also z. B. um 80 Hirsche und 120 Stück Kahlwild handeln usw. Über das ursprüngliche, unbeeinflußte Geschlechterverhältnis geben Foetenuntersuchungen des erlegten Kahlwildes Auskunft. BEHRENS und GUSSONE (1908) und KRÖNING und VORREYER (1957) stellten bei ihren diesbezüglichen Arbeiten übereinstimmend ein Geschlechterverhältnis von 1:1 fest. Genauso ist auch das Geschlechterverhältnis der Kälber. Dieses Verhältnis ändert sich in der späteren Bestandsentwicklung nur durch Einflüsse einer selektiven Bejagung. In natürlicher Umwelt dagegen bleibt ein Geschlechterverhältnis von 1:1 bestehen.

Bei der heutigen Bejagung der Rotwildbestände wird allgemein ein Verhältnis von 1:1 angestrebt. Die Diskussionen darüber sind jedoch noch keineswegs verstummt, und wechselnde Gründe werden dafür angeführt. Es ist ganz offensichtlich, daß beim Anstreben eines hohen Anteils an alten starken Hirschen beim jährlichen Abschuß dieses Geschlechterverhältnis die größte Attraktion besitzt. Es wird auch sogar ein Überwiegen der Hirsche mit seinen Vorteilen für die Trophäenjagd erörtert. Neben dem so ermöglichten hohen Hirschabschuß erleichtert ein großer Hirschanteil auch die Bestandsregulierung. Der jährliche Zuwachs verringert sich nämlich bei großem Hirschanteil, und da der Regulierungs-Abschuß nach neueren Erkenntnissen in den unteren Jahrgängen durchgeführt werden soll, hat er begreiflicherweise an Anziehungskraft verloren. Ein großer Hirschanteil hat also alle

Pluspunkte der gegenwärtigen Ziele der Jagd auf seiner Seite. Bei übersteigerter Zahl der Hirsche kommt es allerdings zu Verlusten bei Brunftkämpfen, außerdem neigen die Hirsche verstärkt zum Abwandern.

Wie wirkt sich eigentlich eine Verschiebung des Geschlechterverhältnisses auf das Verhalten des Rotwildes aus? Diese Frage müssen wir uns hier stellen, da es sich um ein biologisches Buch über den Hirsch handelt. Infolgedessen darf der bloße Wunsch nach einem so oder so gestalteten Abschuß und nach guten Trophäen alleine nicht schon Argument dafür sein, diese Ziele erreichen zu wollen. Denn Jagd heißt heute: Verantwortung übernehmen für die jagdbare freilebende Tierwelt, für ihre Erhaltung, für ihre Gesundheit und für ihr natürliches Wohlbefinden.

Nehmen wir zunächst einmal an, in einem Rotwildgebiet würden mehr Hirsche erlegt als Kahlwild, und nach einiger Zeit gäbe es einen starken Überhang zugunsten des weiblichen Wildes. Die Folgen davon sind: hohe Nachwuchszahlen, infolgedessen hoher jährlicher Abschuß, vor allem von Jungtieren und Kahlwild, geringer Abschuß von Hirschen, alte Hirsche werden selten. Zur Brunft bilden sich übergroße Rudel, die Platzhirsche bleiben sehr lange am Brunftplatz und gehen stark abgebrunftet in den Winter. Nahezu alle erwachsenen Hirsche kommen zum Beschlag, eine selektive Bevorzugung der im Brunftkampf tüchtigsten Hirsche findet nicht mehr statt. Bei extremem Kahlwildüberhang sinkt schließlich die relative Fortpflanzungsrate, die Anzahl nicht beschlagenen Kahlwilds steigt trotz hoher absoluter Nachwuchsrate.

Im gegenteiligen Fall, bei einem Überwiegen an Hirschen ergibt sich: geringer Zuwachs, geringer jährlicher Abschuß, hoher Hirschanteil beim Abschuß, mehr Hirsche können ein höheres Alter erreichen. Zur Brunft findet eine überstarke Konkurrenz der Hirsche um das wenige Kahlwild statt. Platzhirsche brunften nur kurze Zeit mit einzelnen oder nur ganz wenigen Tieren, werden bald von Rivalen abgeschlagen und wandern unstet von Brunftplatz zu Brunftplatz. Es gibt hohe Verluste bei Kämpfen. Die relative Fortpflanzungsrate ist hoch bei beschränktem absolutem Zuwachs.

Beide Auswirkungen einseitig verlagerter Geschlechterverhältnisse zeigen Symptome eines mehr oder weniger gestörten Normalverhaltens. Je nach den Revierverhältnissen kommen diese verschieden stark zur Geltung. In offenem, übersichtlichem Gelände mit weiten Flächen z. B. wird man auch bei einem Überhang an Hirschen stets noch größere Brunftrudel finden, weil die Tiere besser zusammenhalten können. Infolgedessen ist hier die Konkurrenz der Brunfthirsche besonders scharf. Die Rivalität vermindert sich dagegen im geschlossenen Waldgebiet, wo die Kahlwildtrupps kleiner sind und so mehr Brunfthirschen Gelegenheit zur Platzhirschrolle geben. Hier ist aber ein Überhang an Kahlwild kritisch, dessen häufigere, kleinere Trupps teilweise ohne Platzhirsch bleiben. Der Anteil nicht beschlagener Tiere wird hoch sein. Andererseits ist dies im offenen Gelände nicht so nachteilig, weil die Brunftrudel hier ja sowieso größer zu sein pflegen, und auch bei einem Mangel an Platzhirschen hat jedes Rudel seinen Hirsch. Vereinfacht ausgedrückt, ist dieses Kreuzverhältnis so: Im offenen Gelände wirkt sich Hirschüberhang gefährlicher aus als im Waldgebiet. Umgekehrt ist der Kahlwildüberhang im geschlossenen Waldgebiet nachteiliger als im offenen Gelände.

Ob nicht viele Auseinandersetzungen über das Geschlechterverhältnis einfach darauf zurückzuführen sind, daß jeder seine Ansicht auf das ihm vertraute Rotwildgebiet bezieht und so von anderen Voraussetzungen ausgeht als sein Gesprächspartner? Wenn im Rotwildgebiet A bei einem Geschlechterverhältnis von 1:1 bereits sämtliche Brunftrudel auseinandergesprengt werden, die Brunfthirsche abwandern und sich die Revierinhaber deshalb für einen höheren Kahlwildanteil aussprechen — muß das denn im Rotwildgebiet B ebenso sein? Vielleicht ist dort mancher Kahlwildtrupp nur von einem Junghirsch oder gar nicht begleitet, oder man findet im Frühjahr einen großen Teil der Alttiere nicht beschlagen. Kann man es dem Jäger verübeln, wenn er sich mehr Hirsche wünscht? Es steht wohl fest, daß wir nicht allzuweit von dem natürlichen Geschlechterverhältnis 1:1 weder in der einen, noch in der andern Richtung abweichen können ohne nachteilige Folgen für das Wohlergehen des Rotwildes. Aber anstatt nackte theoretische Zahlen auf eine Fahne zu schreiben und dann wie eine Ideologie zu verfechten, würde uns Toleranz und einsichtiges Anpassen an den immer wieder verschiedenen Lebensraum des Rotwildes weiter- und zusammenführen.

Außer dem Geschlechterverhältnis ist die Erfassung und Regulierung des Altersaufbaues im Bestand wichtigste Aufgabe eines gezielt gestalteten Abschusses. Dies wurde etwa in der zweiten Hälfte des vorigen Jahrhunderts erkannt, und seitdem bemühte man sich um zuverlässige Methoden zur Altersbestimmung beim Schalenwild.

Am bekanntesten und geläufigsten in Jägerkreisen wurde die Altersbestimmung anhand der Abnutzung der Backenzähne. Diese Methode, in Deutschland zu Beginn dieses Jahrhunderts entwickelt, wurde fortlaufend verbessert und ist heute wichtigste Grundlage für die Altersbestimmung auch beim Rotwild. Das Gebiß des Rotwildes, das etwa im Alter von $2^1/_2$ Jahren zum vollständigen Dauergebiß entwickelt ist, wird einer fortwährenden Abnutzung unterworfen und läßt durch Formveränderung der einzelnen Zahnteile auf das Alter des Tieres schließen. Bis zu diesem Alter selbst ist eine genaue Altersbestimmung allein anhand des Zahnwechsels möglich. Das fertige Rotwildgebiß hat die Formel

$$\frac{0133}{3133}.$$

Dies besagt, daß im Oberkiefer die Schneidezähne fehlen, 1 Eckzahn und je 3 Vorbacken- und Backenzähne sind ausgebildet. Im Unterkiefer sind 3 Schneidezähne, zu denen 1 Eckzahn an die Seite gerückt ist, und ebenfalls 3 Vorbacken- und Backenzähne.

Das neugeborene Rotwildkalb hat ein fast fertiges Milchgebiß, bestehend aus den Schneide- und den Eckzähnen. In den ersten Lebensmonaten wachsen die drei Vorbackenzähne und vervollständigen das Milchgebiß. Etwa im Alter von 9 Monaten bricht der 1. Backenzahn durch, der zweite Backenzahn folgt im 14. Lebensmonat. Im nächsten Monat werden der erste Schneide- und der obere Eckzahn durch Dauerzähne ersetzt. Im 17. Monat folgt der 2. Schneidezahn, im 20. Monat der 3. Im 23. Monat wird der untere Eckzahn gewechselt. Im 26. Monat zeigen sich die Spitzen des durchbrechenden dritten Backenzahns, der mit Ablauf des 30.—31. Monats endlich völlig herausgewachsen ist.

Für die Abnutzung der Backenzähne müssen wir vor allem die Form des Kauranddentins und der Kunden beachten. Der Backenzahn besteht aus zwei Abschnitten, deren einer zum Mundinnern liegt, der sog. Zungenteil, und der andere nach außen zur Backe hin, der sog. Backenteil. Beide sind vom Zahnschmelz umhüllt, lassen jedoch nach oben hin das Zahnbein oder Dentin erkennen, das gelbbraun bis schwarzbraun gefärbt sein kann. Die obere Fläche des Zungenteils wird Kaurand, die des Backenteils wird Kaufläche genannt. Zwischen beiden liegt eine spaltförmige Einsenkung, die mit Zahnschmelz ausgekleidete Kunde.

Beim jungen Stück Rotwild ist das Kauranddentin, wenn man die Backenzähne von oben betrachtet, schmal und strichförmig. Mit zunehmender Abnutzung dagegen verbreitert sich der Kauranddentinstreifen und wird rhombisch, bei noch höherem Alter schließlich oval bis rundlich. Die Kunden werden durch den Abschliff verengt, verschwinden dann bis auf Reste und sind schließlich nicht mehr zu sehen, wenn Kaurand und Kaufläche völlig ineinander übergehen. Der gesamte Zahn ist in hohem Alter stark verkürzt und bricht endlich zwischen den Wurzeln entzwei, häufig fallen die Einzelteile dann aus dem Kiefer. Eine genaue Übersicht über die Abnutzungserscheinungen gibt die nebenstehende Tabelle, die an dem Rotwildalter-Merkblatt des Schalenwildausschusses des DJV orientiert ist.

Genau so wichtig wie die Altersbestimmung am erlegten Stück Wild ist das Ansprechen des lebenden Tiers im Revier. Ein Wahlabschuß mit dem Ziel der besten Altersgliederung des Bestands muß ja von der Alterszusammensetzung der Gegenwart ausgehen. Langjährige Übung und ein sicherer Blick sind notwendig, um die einzelnen Altersgruppen bei Hirschen und Tieren im Freiland zu erkennen.

Hirsche und Kahlwild lassen sich, wenn nicht am Geweih, so an Körpergröße und -form auseinanderhalten. Das gelingt mit einiger Mühe bei Kälbern ab dem Winter bis Frühjahr. Hirschkälber neigen besonders am Träger zu einer etwas länge-

Tabelle 9: Altersbedingte Zahnabnutzung beim Rotwild. Tabelle nach MÜLLER-USING: Rotwildalter-Merkblatt des DJV. Bestimmungstabelle nach der Zahnabnutzung

M III	M II	M I	P III	P II	Alter in Jahren
Kauranddentin nur andeutungsweise sichtbar, mit Unterbrechungen. Die Kunde klafft weit auseinander	Kauranddentin strichförmig	Kaurandspitzen sehr spitz, Kauranddentin von der Form eines zungen-backenwärts stark zusammengedrückten Rhombus (schmal-rhombisch)	Meist wenig braunes Dentin sichtbar	Von oben betrachtet mit schmalem, braunem Dentinband, das gelegentlich Unterbrechungen zeigt	2½
Kaurand mit deutlichem, aber noch schmalem Dentinstreifen	Kauranddentin strichförmig	Kaurandspitzen sehr spitz, Kauranddentin von der Form eines zungen-backenwärts stark zusammengedrückten Rhombus (schmal-rhombisch)	Stärker abgenutzt als P II. Hinten meist schon eine kleine Schleiffläche	Vorn ganz wenig (schmaler Dentinstreif), hinten stärker abgenutzt (deutliche, glatte Schleiffläche)	3
Kaurand mit deutlichem, aber noch schmalem Dentinstreifen	Kauranddentin von der Form eines langgestreckten, zungen-backenwärts stark zusammengedrückten Rhombus (schmal-rhombisch). Kaurandspitzen noch spitz	Kauranddentin mittelbreit-breit-rhombisch, Kunden schon etwas verengt, Kaurandspitzen mit deutlichen Abnutzungsspuren	Stärker abgenutzt als P II. Im hinteren Teil breite Schleiffläche	Vorn ganz wenig (schmaler Dentinstreif), hinten stärker abgenutzt (deutliche, glatte Schleiffläche)	4–5
Kauranddentin schmal-rhombisch	Kauranddentin mittelbreit-rhombisch	Kauranddentin rhombisch-längs-oval, Kunden in der Mitte stark verengt, biskuitförmig	Auch im vorderen Teil breite Schleiffläche	Auch vorn deutliche, glatte Schleiffläche	6–7

					Alter
Kauranddentin mittelbreit-rhombisch	Kauranddentin im vorderen Teil meist längs-oval, Kunden in der Mitte verengt bis biskuitförmig	Kauranddentin oval bis kreisrund, Kunden teilweise in der Längsrichtung schon stark verkürzt. Kaurand und Kaufläche oft schon in einer schräg backenwärts geneigten Ebene	Auch im vorderen Teil breite Schleiffläche	Auch im vorderen Teil breite Schleiffläche	8—9
Kauranddentin breit-rhombisch bis längsoval	Kauranddentin oval bis kreisrund, Kaurandspitzen flach, Kunden auch im vorderen Teil in der Regel noch erhalten	Kaurandspitzen meist flach bogenförmig, Kunden mehr oder weniger verschwunden	Sehr stark abgeschliffen, in der Aufsicht bieten sie zusammen mit M I ein einheitliches Abnutzungsbild, das sich durch weitgehendes Fehlen von Schmelzbestandteilen in der Reibefläche auszeichnet.	Auch im vorderen Teil breite Schleiffläche	10—11
Kauranddentin oval bis kreisrund, Kunden noch erhalten	Kunden im Verschwinden begriffen, verkürzt	Tief ausgeschliffen	Sehr stark abgeschliffen, in der Aufsicht bieten sie zusammen mit M I ein einheitliches Abnutzungsbild, das sich durch fast völliges Fehlen von Schmelzbestandteilen in der Reibefläche auszeichnet.	Sehr stark abgeschliffen, in der Aufsicht bieten sie zusammen mit M I ein einheitliches Abnutzungsbild, das sich durch fast völliges Fehlen von Schmelzbestandteilen in der Reibefläche auszeichnet.	12—14
Die Reibeflächen aller Zähne der Backenzahnreihe bilden zusammen eine einheitlich glatte oder schwach gewellte Ebene. In der Regel fehlen noch keine Zähne.					
Kunden verkürzt	Selten noch Kundenreste	Bis auf die Wurzeln abgekaut, daher oft schon gespalten	Im hinteren Teil steil nach hinten abfallend, tief ausgeschliffen	Bisweilen gespalten oder fehlend, oft infolge ungleichmäßiger Abnutzung steil abfallend	15—17

Reibefläche infolge Hochgetriebenseins oder Verlustes einzelner Zähne bzw. Zahnteile ganz unregelmäßig. Durch ungleichmäßige Abnutzung haben die Zähne zum Teil sehr auffallende Formen angenommen. Einzelne Kaurandspitzen sind meist noch erhalten und ragen dann hoch über die Kaufläche hinweg. Häufig fehlen Zähne oder weisen starke Zerstörungen auf, so P II und besonders M I: **18 Jahre und mehr** ren, dunkleren Behaarung. Später überragen sie ihre weiblichen Geschwister in der Körpergröße und lassen bald auch die Geweihanlagen erkennen. Schmaltiere unterscheiden sich von den Alttieren durch geringere Größe und kürzeren Kopf. Umgekehrt wirkt der Kopf des jungen Hirsches schmaler als der des älteren Hirsches. Der junge Hirsch hat eine aufrechte Körperhaltung, bewegt sich lebhaft und trägt den Kopf hoch erhoben. Der alte Hirsch hält den Träger mehr waagrecht gesenkt und bewegt sich gemessen, das Körpergewicht ruht auf den Vorderläufen. Während sich die Rumpfform des jungen Hirsches nach hinten verjüngt, ist sie beim alten Hirsch viereckig und wirkt gedrungen. Kopf und Träger des alten Hirsches sind stärker und massiger. Diese qualitativen Altersmerkmale lassen eine Zuordnung der Hirsche in Altersgruppen zu, die je 2–3 Jahre umfassen. Auf eine genaue Festlegung auf ein Jahr wird sich kein erfahrener Rotwildkenner einlassen, der um die Variation der Körper- und Verhaltensmerkmale beim Rotwild weiß. Immerhin genügt es für die Abschußplanung, das Rotwild eines Reviers in dieser Alterseinteilung zu erfassen.

In der Regel werden wir eine größere Anzahl Kälber und Junghirsche finden, während die Zahl der mittelalten und schließlich der alten Hirsche immer kleiner wird. Beim Kahlwild werden wir ebenso einen entsprechend hohen Anteil an Kälbern und Schmaltieren finden. Kann das Geschlecht der Kälber nicht angesprochen werden, so macht man keine großen Fehler, wenn man jeweils die Hälfte davon zum männlichen Wild und die andere zum weiblichen rechnet. Daß die höheren Jahrgänge immer spärlicher vertreten sind, ist durch Abschuß und Abgänge leicht verständlich. Bei der für Rotwild gebräuchlichen graphischen Darstellung der Bestandsgliederung nach dem Alter erhalten wir also eine Pyramide (HOFFMANN 1928). Die Frage des zweckmäßigen Altersaufbaus gehört mit zu den brennenden Problemen der Rotwildhege. Ich habe sie daher mehreren verwandten Themen, in denen biologische Kenntnisse als Grundlage jagdlicher Maßnahmen herangezogen werden, in einem Diskussionskapitel an die Seite gestellt (S. 152).

Vom Schälen, Verbiß, Fegen und Schlagen

Die Verhaltensweisen des Rotwildes, die dem Forstmann wegen ihres Schadens so viel Verdruß machen, sind eigentlich schon in den dafür zuständigen Kapiteln zur Sprache gekommen. Schälen und Verbiß sind Verhalten der Äsung, Fegen dient dem Entfernen des Geweihbastes im Sommer, und Schlagen ist ein von der Reviermarkierung abgeleitetes aggressives Verhalten und seinem Inhalt nach ein Kampf am Ersatzobjekt. Der Grund, warum ich diese Verhaltensweisen noch einmal im Zusammenhang herausstelle, ist ihre forstwirtschaftliche Bedeutung. Alle davon betroffenen Forstleute fragen sich natürlich auch nach den biologischen Ursachen des Wildschadens.

Das Schälen des Rotwildes ist der schwerwiegendste Schaden, den es in den Baumbeständen anrichtet. Etwa in Schulterhöhe ergreift das Rotwild mit den Schneidezähnen die Rinde, preßt sie gegen den Oberkiefer und zieht sie vom Stamm ab. Das gelingt ihm im Sommer wegen der in der Wachstumsperiode starken Kambialtätigkeit sehr gut, die Rinde läßt sich in langen Streifen ablösen. Im Winter ist dies schwer, und das Wild kann nur kurze Rindenstücke abnehmen. Daher findet es oft als Ausweg das Schälen der Wurzelanläufe, die von einer zarteren Rinde umkleidet sind. Es schlägt sie frei und schält sie in derselben Weise. Das Schälen am stehenden Stamm ist für das Wild sehr unbequem, und so kann man nach dem Fällen von Bäumen häufig beobachten, daß sie innerhalb kurzer Zeit vom Rotwild angenommen werden. Wir unterscheiden auf Grund dieser Feststellungen also die Begriffe der *Sommer-* und der *Winterschäle,* der *Stamm-* und der *Wurzelschäle.*

Das Rotwild hat wie alle Tiere angeborene Äsungspräferenzen, die später durch die Einflüsse der Umwelt modifiziert werden. Zu diesen Umwelteinflüssen gehören: Äsungsangebot, Gewöhnung und Nachahmung des Verhaltens anderer Artgenossen. Die angeborenen Äsungspreferenzen wirken vorwiegend über den Weg des Geschmacksinns, wie in den letzten Jahren herausgefunden wurde. Daneben gibt es einen begrenzten Einfluß durch den Geruch. Tastsinn und optische Wahrnehmung spielen eine geringere Rolle, tragen aber durch Erlernen später ebenfalls zum Auffinden der Äsung bei.

Der Geschmack ist arteigen festgelegt und bei allen freilebenden Tierarten verschieden. In ihrer natürlichen Umwelt bevorzugt jede Tierart diejenige Nahrung, die sie unter Berücksichtigung aller biologischen Faktoren am besten ausnutzen kann. Nun müssen sich die Tiere aber natürlich nach dem vorherrschenden Angebot richten. Dieses ist in den einzelnen Gebieten verschieden und verändert sich außerdem im Jahreskreislauf. Ebenso ändert sich aber bei verschiedenen Nahrungspflanzen auch die chemische Zusammensetzung und damit der Geschmack. Kommt also eine stark bevorzugte Pflanze in einem Gebiet selten vor, eine weniger bevorzugte dagegen häufig, so wird letztere in der Regel stärker geäst, weil sie stärker und leichter erreichbar angeboten wird. Da sich das Angebot mit den Jahreszeiten ändert, wandelt sich auch die Nahrungsauswahl, und in gleicher Weise wirkt sich die Änderung der Zusammensetzung der Pflanze aus.

Gewöhnung an eine bestimmte Äsung ist eine geläufige Auswirkung aus herrschendem Angebot und Präferenzen. Durch regelmäßige Nahrungsaufnahme kann sogar eine Art Futterprägung entstehen, die vor allem beim Jungtier groß ist. Bestimmte Nahrungssorten werden dabei mit besonderer Vorliebe angenommen und andere verweigert, obwohl sie durchaus zuträglich wären und vom Rotwild in anderen Gebieten gerne geäst werden. Die Nachahmung des Verhaltens von Artgenossen ist ein wichtiger Vorgang bei allen sozial lebenden Tieren und schließt selbstverständlich die Nahrungsaufnahme mit ein. Infolgedessen ist es kein Wunder, daß schälendes Rotwild, das in noch nicht oder nur gering schälende Wildbestände eingeführt wird, diese im Laufe einiger Zeit zu vermehrtem Schälen anstecken kann.

Ich habe diese Rekapitulation des Äsungsverhaltens noch einmal vorausgeschickt, weil alle Eigenarten des Schälens in diesen allgemeinen Feststellungen enthalten sind. Das Schälen ist also im Prinzip eine Nahrungsaufnahme wie jede andere. Es gibt keinen Grund für einen besonderen Mythos um das Schälen, wie ich ihn bei vielen Jägern und Forstleuten gefunden habe, mit denen ich mich über diese Fragen unterhielt. Meistens waren sie, betroffen durch die starken wirtschaftlichen Auswirkungen, zum ersten Mal dazu veranlaßt worden, sich mit den biologischen Zusammenhängen der Nahrungsauswahl zu beschäftigen. Nun, ich kann verstehen, daß man darüber ins Staunen kommt. Genau die gleichen Schwierigkeiten aber wären zu erforschen, wenn es sich um irgendeine beliebige andere Nahrungsart handeln würde.

Die Baumrinde hat einen beträchtlichen Nahrungsgehalt und paßt geschmacksmäßig zu den angeborenen Neigungen des Rotwildes. Sie ist im Sommer leicht aufzunehmen und kann dann durchaus mit anderen Nahrungsmitteln konkurrieren. Infolgedessen steigt die Sommerschäle mit zunehmender Rotwilddichte. Es wirkt sich aber auch die Art und Menge anderer Äsungspflanzen im Revier aus, ferner die Zusammensetzung der Waldbestände nach Baumarten. Wie für alle Äsungspflanzen, so gibt es nämlich auch für die Baumrinde eine Bevorzugungsreihe. Ist ein großer Teil an besonders gern geschälten Baumarten vorhanden, so wird das Schälen stark sein. UECKERMANN (1960) konnte auf Grund seiner Untersuchungen in vielen Revieren eine Bevorzugungsreihe für das Schälen aufstellen, die ich hier in vereinfachter Form wiedergebe.

Bevorzugt geschälte Baumarten:	Stark bis mäßig geschälte Baumarten:	Gering oder selten geschält:
Fichte	Douglasie	Tanne
Esche	Weymouthskiefer	Eiche
Eßkastanie [1]	Linde	Erle
Hainbuche [1]	Kiefer	Birke
	Buche	
	Lärche	
	Ahorn	
	Sitkafichte [1]	

[1]) Stellung nicht ganz sicher

Die Winterschäle ist ein Ausweg des Wildes in der äsungsknappen Notzeit. Wie UECKERMANN (1960) zeigte, sinkt der Schälschaden im Winter bei ausreichender Winterfütterung. Ein ähnlicher Zusammenhang ist auch bei der Sommerschäle gegeben. Hat das Rotwild nicht genügend andere, bessere Äsung zur Verfügung, so neigt es zu vermehrtem Schälen. Erwartungsgemäß fand UECKERMANN vergleichsweise hohe Schälschäden in Revieren der geringen Standorte, entsprechend niedrigere Schälschäden in Revieren guter Standorte. Deshalb kann die Wilddichte in letzeren relativ höher geduldet werden, ohne daß stärkere Schälschäden auftreten.

Die Sommerschäle wird verstärkt, wenn in Revieren schlechter Standorte das Rotwild durch Beunruhigung des Reviers tagsüber im Einstand verbleiben muß. Wie aus dem Kapitel über den Tageslauf hervorgeht, muß das Rotwild mehrmals am Tage längere Zeit Äsung aufnehmen. Da sich im Einstand außer dem Schälen keine Gelegenheit zur Nahrungsaufnahme bietet, verursacht das Rotwild dadurch beträchtlichen Schälschaden.

Die vorbeugenden Maßnahmen gegen den Schälschaden liegen auf der Hand. Bei einer der Standortgüte des Reviers angemessenen Wilddichte (siehe Kapitel »Wildbestand und Wilddichte«) halten sich die Schäden normalerweise so in Grenzen, daß sie wirtschaftlich abgewehrt werden können (UECKERMANN 1960). Eine Verbesserung des Standorts durch bessere Äsungsbedingungen (Anlage von Wildäckern, Wildwiesen, Proßholzflächen) und die Sorge für Ruhe im Revier, so daß das Rotwild auch am Tage äsen kann, tragen zur Verminderung des Schälschadens bei. Im Winter sorgt eine ausreichende Fütterung für Ablenkung des Rotwildes vom Schälen. Die Praxis dieser Maßnahmen soll nicht Gegenstand eines biologischen Buches sein und ist in vorzüglicher Weise von v. RAESFELD (1957) und von UECKERMANN (1960, 1964) dargestellt worden. Ich möchte aber noch abschließend darauf hinweisen, daß auch alle Maßnahmen, die zu einer allgemeinen

Stabilität innerhalb des Rotwildbestandes führen, sich günstig auf die Schadensabwehr auswirken. Dazu gehören neben der angemessenen Wilddichte das geeignete Geschlechterverhältnis, ein richtiger Altersaufbau des Bestandes, die Schonung der Mittelklasse, ferner alle Mittel, die zu einem störungsfreien Ablauf des tagesperiodischen Verhaltens im Rahmen eines stabilen Raum-Zeit-Systems beitragen.

Für den Verbiß der Baumtriebe durch Rotwild sind prinzipiell die gleichen Ursachen des Äsungsverhaltens verantwortlich, wie sie bei der Betrachtung des Schälens schon genannt wurden. Infolgedessen sind auch die vorbeugenden Maßnahmen die gleichen, wenn bestimmte, wirtschaftlich genutzte Baumarten geschützt werden sollen. Das Rotwild verbeißt vorwiegend im Winter, doch kann je nach den Revierverhältnissen auch der Sommerverbiß noch beträchtlich sein. Für die einzelnen Baumarten gibt UECKERMANN (1960) folgende Bevorzugungsreihen beim Sommerverbiß, also in der Vegetationszeit, an:

Bevorzugter Verbiß: Weide, Pappel, Eberesche, Ahorn, Linde, Erle, Buche
Starker bis mäßiger Verbiß: Hainbuche, Esche, Eiche, Eßkastanie, Akazie
Geringer Verbiß: Birke, Weymouthskiefer, Lärche, Douglasie, Fichte

Wie zu sehen ist, werden die Laubholztriebe am stärksten verbissen. Im Winter dagegen ist die Bevorzugungsreihe nach UECKERMANN wieder anders:

Bevorzugter Verbiß: Aspe, Roteiche, Tanne, Ahorn, Esche, Eiche
Starker bis mäßiger Verbiß: Kiefer, Fichte, Buche, Douglasie, Weymouthskiefer, Lärche
Geringer Verbiß: Sitkafichte, Erle, Birke

Für die Möglichkeiten des direkten Schutzes sei wiederum auf die oben genannten, anleitenden Ratgeber verwiesen.

Das Fegen begrenzt sich auf die Sommermonate Juli und August. Dafür sucht sich der Hirsch bevorzugt noch schwache, biegsame Zweige oder Jungbäume aus, denn die Nervenbahnen in der durchbluteten Basthaut sind teilweise noch vorhanden. Auch hohe Unkrautstengel, Disteln und dergleichen werden zum Fegen verwendet. Durch das Fegen kann der Hirsch mit den Geweihstangen die Rinde auf der weichen Kambiumschicht abreiben und so junge Bäume beschädigen.

Bedeutender ist der Schaden, der durch Schlagen mit dem Geweih in Äste und an Bäume entsteht. Auf dieses Ausdrucksverhalten wurde an früherer Stelle schon hingewiesen. Es entwickelt sich besonders mit zunehmender Aggressivität der Hirsche vor der Brunft, denn es leitet sich ursprünglich von der Reviermarkierung territorialer Hirschvorfahren ab. Territorial wird der Rothirsch jedoch nur zur Brunft, und daher finden wir eine jahreszeitliche Schwankung in der Häufigkeit des Schlagens. Es wird aber übrigens während der gesamten Zeit ausgeführt, während der ein fertig gefegtes Geweih getragen wird. Im Zusammenhang mit dem Schlagen reibt der Hirsch auch gerne Kopf und Träger an Ästen und Stämmen, Restverhalten eines früher schon besprochenen territorialen Markierens mit Duftstoffen der Hautdrüsen. Das optisch ausdrucksvolle Markieren durch Geweihschlagen hat imponierenden Charakter. Der Hirsch führt hierbei am Ersatzobjekt, am Baumstamm, an Ästen oder auch am Erdboden, die Kampfhandlung des Stoßens und Schiebens mit dem Geweih aus. Es wurde schon gesagt, daß bei stärkerer Agressivität auch das Schlagen intensiver ausgeführt wird. Die Aggressivität wird dabei innerlich durch Hormonsekretion ausgelöst und auch äußerlich durch den Anblick von Rivalen usw. Bisweilen wird das Schlagen, ähnlich dem Scherzen, ins Spielerische abgewandelt.

Es ist kein Wunder, daß bei diesen vielseitigen Einflüssen oft schwer erklärliche Häufigkeiten des Schlagens zu verzeichnen sind. Der Forstbiologe C. HOLLOWAY (1967) fand z. B. in schottischen Revieren bei statistisch ausgewerteten Untersuchungen über die Wildschäden ein regelmäßiges Maximum im November im Anschluß an die Brunft. Hier hatte sich restliche Aggression jüngerer Hirsche in Imponierhandlungen nach der Brunft am Ersatzobjekt entladen, was durch die Neubildung der Hirschverbände gefördert werden konnte. Leider war die Alterszusammensetzung von dem Forscher, der die Verhaltensursachen für das Schlagen noch nicht kannte, nicht ermittelt worden. Ich bin überzeugt, daß ein relativ überhöhter Anteil an Junghirschen vorhanden war. Eine extreme Häufigkeit des Schlagschadens läßt, in Orientierung an den Verhaltensursachen, auf eine zu scharfe Konkurrenz der Hirsche untereinander schließen. Eine Revision des Geschlechterverhältnisses und des Altersaufbaus kann den Schlagschaden lindern, außerdem das Begünstigen einer möglichst stabilen Rudelformation durch strikte Schonung der mittelalten Hirsche.

Rothirsche in Wildschaugehegen

In jüngster Vergangenheit hat das Interesse am Wild in weiten Bevölkerungskreisen zugenommen. In der Folge dieser Attraktion sind überall zahlreiche Schau-
gehege mit einheimischem Wild errichtet worden, die sich eines steten Besucher-
stroms erfreuen. Die Beweggründe der Besitzer und Initiatoren für diese Anlagen
mögen unterschiedlich sein wie ihre Zusammensetzung selbst. Fest steht aber, daß
ein erschreckend großer Anteil dieser Gehege viel zu klein sowie aus mangelnder
Kenntnis der Tiere schlecht eingerichtet ist und falsch geführt wird. Doch grundsätzlich muß es als eine wertvolle Absicht bejaht werden, auf eine wildgerechte
Weise dem naturfremden Stadtmenschen der Gegenwart lebende Wildtiere in
Freigehegen nahezubringen. Daher möchte ich hier aus biologischer Sicht einige
Hinweise geben, die durch falsche Haltung ausgelöstes Fehlverhalten von Tieren
aufzeigen und umgekehrt auf Maßnahmen zum Wohlbefinden der Tiere hin-
deuten können. Da der Rothirsch eine der am häufigsten im Gehege gehaltenen
Wildarten ist, muß sich dieses Buch auch diesem Thema stellen [1]).

Die Hauptschwierigkeit bei der Gehegehaltung ist, auf begrenzter Fläche dem Wild
einen möglichst natürlichen Lebensraum zu schaffen. Durch die räumliche Enge
verschärfen sich alle Mängel, da das Wild keine Möglichkeit zur freien Wahl hat.
Beginnen wir mit den Voraussetzungen für eine ausreichende Ernährung. Rotwild
als Wiederkäuer hat, wie bereits eingehend dargelegt wurde, einen in mehreren
Äsungs- und Ruheperioden gegliederten Tageslauf. Es kann sich im Gehege nur
dann wohlfühlen, wenn es nach freiem Belieben seine Äsungs- und Wiederkau-
zeiten wählen darf. Damit kommen wir schon zwangsläufig zu der Forderung nach
einer Grünfläche im Gehege und ebenso folgerichtig zu einer notwendigen Mindestgröße für die Anlage. Die fachlich hervorragend fundierten Vorstellungen der
»Gemeinschaft deutscher Wildgatterbesitzer« gehen darüber z. Zt. nur unwesent-
lich auseinander, und es ist zu hoffen und zu erwarten, daß in naher Zukunft eine
Mindestgröße von nicht unter 30—50 ha gesetzlich festgelegt wird.

In der Praxis zeigen fast alle Kleingehege eine bis zum nackten Erdboden nieder-
gegraste einstige »Äsungsfläche«. Heißhungrig stürzt sich das Rotwild auf dar-

---

[1]) Dieses Kapitel stellt die konzentrierte Form eines Manuskripts »Kritische Gedanken
zur Wildhaltung in Wildschaugehegen« (1969) dar, das ich dem Deutschen Tierschutz-
bund als Arbeitsgrundlage zur Verfügung stellte. Für die freundliche Durchsicht des
Manuskripts und für Verbesserungsvorschläge danke ich Herrn Prof. Dr. W. RIECK,
Institut für Jagdkunde, Hann. Münden, und Herrn Dr. K. ZEEB, Tierhygienisches Institut der Universität Freiburg.

gereichtes Grünfutter und lebt in der Hauptsache von Trockenfutter, das die Besucher aus Automaten ziehen und verfüttern können. Diese Ernährungsart ist denkbar ungeeignet, weil die Fütterung schubartig an den Wochenenden bei schönem Wetter verabreicht wird. Während der Woche und in den Nächten hungern die Tiere, vor allem bei schlechter Witterung. Man kann die Äsungsperioden selbst nicht künstlich nachahmen, es sei denn, man bringt es fertig, alle 2–3 Stunden unablässig zu füttern. Voll Stolz antwortete mir einst ein das Gehege wartender Forstmann im Anblick seiner halbverhungerten Hirsche auf meine Frage nach der Fütterung, daß er morgens und abends Grünfutter reiche. Als ich ihn auf das hervortretende Knochenskelett der Tiere hinwies, unterdrückte er mühsam einen Wutausbruch und fragte, ob ich nicht wüßte, daß jetzt Setzzeit sei? Was soll man auf diese Verständnislosigkeit erwidern? Man sehe sich in freier Wildbahn und gut geführten Gattern an, wie richtig ernährtes Rotwild aussieht. Abgesehen von der Notwendigkeit einer Grünfläche aber muß auch für eine gewisse Vielseitigkeit der Nahrungszusammensetzung gesorgt werden. Ist nicht der Körperzustand des Wildes selbst bester Anzeiger für Ernährungsmängel und gestörtes Wohlbefinden? Nicht unbedingt, wenn selbst Männer »vom Fach« bisweilen kein Rotwild kennen, wie obiges Beispiel zeigt.

Die Frage der Gehegegröße wird oft bestimmt von der Anzahl getrennt gehaltener Wildarten, durch die sich die Gesamtgröße der Anlage zu teilen hat. Warum eigentlich? Von einer bestimmten Gehegegröße an kann man doch mehrere Schalenwildarten zusammen halten, ohne daß die sich gegenseitig schädigen. Die tragbare Wilddichte eines Geheges wächst mit seiner Größe. Dieselbe Wildzahl verschiedener Arten nutzt also einen großen Raum besser aus, als wenn auf derselben Fläche die einzelnen Tiere nach Arten getrennt in kleineren Gehegen leben müßten. Ich kenne genügend Beispiele, wo mehrere Schalenwildarten in größerem Gelände friedlich miteinander auskommen. Die Besucher nehmen durchaus keinen Anstoß daran, daß die Tierarten nicht säuberlich getrennt sind wie die Buchkapitel einer zoologischen Beschreibung. Vielmehr empfinden sie es als angenehm, ein paar Hundert Quadratmeter Zaunfläche weniger vor Augen zu haben.

Ausführlich habe ich in diesem Buch vom Raum-Zeit-System der Tiere berichtet. Wir erinnern uns, daß Rotwild bestimmte Äsungs- und Ruheplätze hat, die durch Wechsel miteinander verbunden sind. Sie führen auch zu Suhlen, enthalten bevorzugte Stellen zum Schlagen und werden vom Wild in einem festen Rhythmus im Tageszyklus begangen. Diese natürliche Beziehung zur Umwelt verkümmert im Kleingehege völlig. Willkürliche und für das Wild ungeeignete Besucherzeiten mit ihrer Störung und Kunstfütterung lassen kein stabiles Raum-Zeit-System aufkommen. Die Aktivitätsperioden der Tiere driften ständig unter dieser Streßbedingung. Das Gehegewild findet keinen festen Bezug zur Umwelt und ist desorientiert. Nur in einem größeren Gehege kann die Beeinflussung durch Besucher überwunden werden, indem sich die Tiere an geschützte Stellen zurückziehen. Genau so gefährlich wirkt sich die Labilität der sozialen Beziehungen aus. Je kleiner ein Gehege ist, um so begrenzter muß die Anzahl der Tiere sein. Die Bindung der Tiere zueinander kann sich so in einer Weise entwickeln, daß sie zu einer Belastung wird. Besonders kritisch ist natürlich die Feindseligkeit zwischen Hirschen zur Brunft. Immer wieder schinden sich Rothirsche in der Brunft gegenseitig in Gehegen qualvoll zu Tode. Im Kapitel über die Brunftkämpfe habe ich eingehend gezeigt, daß Hirsche ein hochentwickeltes Kampfzeremoniell haben und sich in einem so bewundernswert feinen Ausdrucksverhalten gegenseitig auf den Kampf abstimmen, daß unsere Sinne dies kaum wahrnehmen können. Im engen Gehege laufen diese Reaktionen zwangsläufig fehl, und erwachsene Hirsche forkeln sich in unnatürlicher Grausamkeit. Ich habe dies immer wieder in Wildgehegen erlebt, und ich finde es besonders beschämend, daß mehrere davon von ausgebildeten Forstleuten »betreut« wurden, die es doch eigentlich hätten wissen müssen. Halten wir denn diese künstlich erzeugte Brutalität schon für normal? Sind wir durch verzerrte pathetische Darstellungen des Brunftkampfes schon so verbildet worden, daß wir das Töten von Artgenossen bei Tieren als etwas Selbstverständliches betrachten? Wenn ich meine Beobachtungen und Filme von kämpfenden Hirschen mit dem vergleiche, was man darüber sonst zu lesen und in Bildern gezeigt bekommt, neige ich dazu, diese Frage zu bejahen. Brunftkämpfe mit tödlichem Ausgang lassen sich doch schon beinahe mit Sicherheit voraussagen, wenn man erwachsene Hirsche zusammen in einem engen Gehege hält. Es müßte doch selbstverständlich sein, die Hirsche vorher oder spätestens bei Anzeichen von Feindseligkeiten zu trennen.

Auch zur Zeit des Geweihabwurfs wird es für die abwerfenden Hirsche bedenklich. Wie ich schon ausführte, kennen die Hirsche den geweihlosen Partner oft nicht wieder und bekämpfen ihn als Neuling. Dieser kann sich ohne Geweih nicht durchsetzen, ergreift die Flucht und wird oft von den anderen in langer Hetze verfolgt und geforkelt. Auch hier muß man die Hirsche trennen. Im kleinen Gehege kann sich der Unterlegene nicht in Sicherheit bringen.

Die soziale Rangordnung regelt in der freien Wildbahn die Dominanzverhältnisse der Hirsche und ermöglicht das Zusammenleben trotz einer biologisch wirksamen Bevorzugung der Ranghöchsten. Im Gehege wird sie zu einem Alptraum. Domi-

6jähriger Hirsch traut sich wenige Tage nach dem Geweihabwurf ▶
nicht an die jüngeren, noch geweihten Hirsche heran

Verwandte Hirsche mit ähnlicher Gesichts- und Geweihform:
5jähriger Hirsch und Hirsch vom 11. Kopf

142

Rothirsche im Winter
schälen an
Kastanienästen.

4jähriger Hirsch
verbeißt Zweige, die
im Frühjahr schon
frischen Saft enthalten.
Später Schneefall
hat die Grasflächen
zugedeckt.

nanzen lasten auf den unterlegenen Hirschen bei kleinen, im engen Raum zusammengedrängten Gruppen überstark. Sie gelangen am Futterplatz nicht zur Äsung und stauen Aggressionen auf, die sie in unnatürlicher Heftigkeit an wiederum Unterlegenen oder an Ersatzobjekten abreagieren. Ein häufiges häßliches Bild in Wildgehegen sind aggressive Hirsche, die mit dem Geweih in den Zaun prellen, wenn sich Besucher nähern. Wir sehen dort nicht die Schönheit des freien Wildes, sondern geschwächte und geschädigte Tiere mit entstellendem Verhalten.

Die unübersehbare Zahl der Kleingehege erreicht also oft das Gegenteil von dem, was einleitend als wertvolle Absicht der Anlage von Wildschaugehegen bezeichnet wurde. Auch große Anlagen sind nicht besser, wenn sie in viele zu kleine Unterabteilungen aufgegliedert sind. Nur in größeren Gehegen, die beliebige Gelegenheit zur Äsung und auch zur Ruhe bieten, können sich Rothirsche wohlfühlen. Eine intensive Winterfütterung wird besonders lebenswichtig. Die Notwendigkeit, die anklagenden Mißstände in Wildschaugehegen abzuschaffen, ist inzwischen von vielen Einsichtigen erkannt worden. Entscheidende Schritte dazu sind bereits unternommen worden, und der Wildforscher UECKERMANN hat Richtlinien für die Wildhaltung in Gattern ausgearbeitet. Ob man es aber ausschließlich bei den gut eingerichteten Gehegen bekannter Form belassen sollte? Nun, es gibt noch andere Möglichkeiten, der interessierten Öffentlichkeit lebendes Wild nahezubringen. Es erscheint mir wert, sie zum Schluß noch kurz zur Sprache zu bringen, denn das Bedürfnis der in die Städte gezwungenen Bevölkerung nach dem Naturerlebnis ist bedeutend und erscheint ohne Zweifel förderungswürdig.

Nach besten Erfahrungen mit der Rotwildbeobachtung in einigen englischen Wildparks möchte ich deren Wildhaltung kurz beschreiben. Hervorstechend an ihnen ist, daß sie ein weites Gelände umfassen, das einen hohen Prozentsatz an Wiesenflächen enthält. Auf der übersichtlichen Fläche treffen sich die Hirsche zu großen, eindrucksvollen Rudeln. Bei sorgfältiger Pflege bietet das Grünland eine vorzügliche Äsung, die außerhalb des Winters trotz der bei hoher Wilddichte fehlenden Verbißmöglichkeiten ausreicht. Mehrere Hirscharten können in einem Gelände von über 300 ha in ansehnlichen Beständen zusammen gehalten werden. In der Regel durchmischen sich die Rudel dabei nicht. Geeignete größere Hirscharten sind z. B. Rotwild, Damwild, Sikas, Axishirsche u. a. Als besonders positiv für den Besucher empfinde ich, daß er nach dem Betreten des Wildparks ohne Zaun dem Wild unmittelbar gegenübersteht. Je nach Art der Bewirtschaftung der Wildbestände kann die Fluchtdistanz z. B. beim Rot- und Damwild auf 10 m und weniger herabgesetzt werden. Sie fehlt praktisch ganz gegenüber Fahrzeugen. Deshalb können Fahrzeuge mit Beobachtungsmöglichkeit vom Auto aus zusammen mit Spazierwegen kombiniert werden. Ein Nachteil ist, daß für eine intensive Überwachung der Besucher gesorgt werden muß, die sonst zügellos die Einstände durchkreuzen.

Der Wildpark nach englischem Muster müßte also leicht überschaubar angelegt oder gründlich beaufsichtigt werden.

Einfallsreiche Wildgatterbesitzer machen sich auf geschickte Weise die Lagebesonderheiten zunutze. Im Wildpark des Prinzen REUSS in Österreich z. B. kann man mit einem Sessellift über die im Berghang stehenden Hirsche dahinschweben und von oben beobachten. Nicht immer also hat man ein häßliches Drahtgeflecht der Umzäunung im Vorder- und im Hintergrund.

So schön und sinnvoll manche Wildgehege auch angelegt sein mögen, für den die Natur suchenden Menschen sind sie doch immer nur ein Ersatz. Da die Natur- und Wildbeobachtung trotz aller Konflikte mit der Jagdausübung objektiv als eine der wertvollsten Beschäftigungen des Menschen erkannt werden muß, sollte man meines Erachtens weiterhin auch nach angemessenen Wegen für eine Gelegenheit zur Rotwildbeobachtung in freier Wildbahn suchen. Seit langem wird dies ja durch Winterfütterungen mit zugelassenen Besuchern praktiziert, ebenso gelegentlich auch durch Sommerfütterung, besonders beim Schwarzwild. Im Reinhardswald z. B. konnte man vor Jahren an einem direkt an der öffentlichen Straße gelegenen Forsthaus die ganze Bastzeit hindurch starke Hirsche aus nächster Nähe sehen. Sie erschienen auf Zuruf des Försters in der nahen Dickung und nahmen Futter an.

Nun sind diese futterzahmen Hirsche nicht nach jedermanns Geschmack. Ich kenne aber genug Stellen in vielen von mir begangenen Rotwildgebieten, wo ich mir öffentlich zugängliche Beobachtungsplätze denken kann, an denen auch eine größere Menschengruppe nicht stören würde. Ohne Zusatzfütterung könnte man dort mit dem Glas Rotwild in seiner ganzen Ursprünglichkeit erleben. Der sehnsüchtige und normalerweise unerfüllbare Wunsch vieler Stadtmenschen, endlich einmal Brunfthirsche im Zauber der freien Wildbahn zu beobachten, könnte hier Wirklichkeit werden. Aber auch die Kolben- und Bastzeit, in der die Hirsche früh zur Abendäsung austreten, ist für sorgfältig gelenkte öffentliche Besuche sehr ergiebig. Da jeweils von der besonderen Revierbeschaffenheit ausgegangen werden muß, sind allgemeine Angaben für die Organisation schlecht möglich. Für die Jagdausübung in der freien Wildbahn haben solche Beobachtungsstellen die Rolle vorzüglicher »Blitzableiter«, die Waldbesucher von der Störung des Kernreviers abhalten. Zwar wirken Wildschaugehege in derselben Weise, doch gibt es, wie jeder Praktiker weiß, immer noch eine hohe Zahl erlebnishungriger Menschen, die das Freilanderlebnis trotz aller Konflikte mit den Jagdausübenden vorziehen und riskieren. Bewußt und sinnvoll gesteuerte Wildbeobachtung in geeigneten Revierteilen kann auch diese Waldbesucher in positiver Weise erfassen, wo erfahrungsgemäß Verbote allein nicht absolut wirksam sind.

Beobachtungen im Rotwildrevier

Beim Erfahrungsaustausch über Rotwild mit Jägern und Wildfreunden erwarten viele meiner Gesprächspartner von mir eine Erklärung für Beobachtungen, die sie im Rotwildrevier machen konnten. Andere wieder haben sich selbst feste Ansichten über die Zusammenhänge von Ursache und Wirkung gebildet und wollen nun meine Meinung dazu hören. Im allgemeinen fand ich, daß jeder, der sich mehrere Jahre lang mit dem Rotwild in der Wildbahn beschäftigt, in der Tat etwas Interessantes und Wissenswertes zu berichten hat. Es bringt entweder Neues oder läßt etwas bereits Bekanntes wieder in einem neuen Licht erscheinen. Andererseits machte ich allzuoft die Erfahrung, daß gerade bei verlockenden und aufschlußreich erscheinenden Beobachtungen schließlich alles unbrauchbar war, da man sich keine Aufzeichnungen über die Begebenheiten gemacht hatte. An wichtige Einzelheiten und Begleitumstände der Beobachtung konnte sich der Erzählende nicht mehr erinnern, und so mußten alle Fragen offen bleiben. Was muß man beachten, um die vielen, oft unter mühevollen Anstrengungen gesammelten Beobachtungen zu hieb- und stichfesten Erkenntnissen verwerten zu können? Ich möchte hier einige praktische Anregungen dazu geben.

Ich gehe davon aus, daß ein interessierter Jäger oder Wildfreund ein bestimmtes Rotwildgebiet besucht und kennenlernen möchte. Das Erfahrungsammeln kann schon beginnen, bevor man dem Wild gegenübersteht. Zunächst macht man sich mit dem Gelände selbst vertraut und erfaßt seine Lage im zugehörigen Landschaftsgebiet und in der weiteren Umgebung. Es ist wichtig, sich über den Umfang des Rotwildvorkommens zu orientieren. Alles, was die Landschaft, das Klima und die Vegetation des Rotwildreviers prägt, ist von Interesse. Dazu gehören das Grundgestein, die Fluß- und Bachsysteme, der Jahresgang der Temperaturen und Niederschläge, der Wechsel der Windrichtungen, das Landschaftsrelief, die Waldverteilung und die Zusammensetzung der Waldgebiete nach Baumarten. Soweit man kann, sollte man sich anhand etwa vorhandenen Schrifttums über die Tierwelt, mindestens über die Säugetiere, informieren und über die von den Forstämtern ermittelten Bestandsdichten. Möglichst genaue Karten, sowohl über Topographie als auch über Klimaverhältnisse und Besitzverteilung, müssen studiert werden. Bei all diesen Vorarbeiten kann die Auskunft von Einheimischen oft sehr schnell weiterhelfen.

Von dem engeren interessierenden Gebiet muß man sich am besten anhand des farbigen Meßtischblattes im Maßstab 1:25 000 genauere Vorstellungen machen. Dazu ist die direkte Anschauung nötig, die man durch orientierende Exkursionen erhält. Auf dem mitgeführten Meßtischblatt trägt man die Exkursionsrouten ein. Die ersten Erfahrungen zum Charakter des Gebiets kann man in einer Übersicht zusammenfassen, die die Eindrücke dieser Exkursionen wiedergibt. Besonders förderlich sind kurze, prägnante Beschreibungen bestimmter Landschaftspunkte.

Gilt das Hauptinteresse nur einem kleineren Gebietsausschnitt, etwa einem einzelnen Revier von etlichen 100 ha, so kommt man mit dem Meßtischblatt nicht aus. Eine genaue Revierkarte im Maßstab 1:10 000 oder gar 1:5 000 wird erforderlich, mit deren Hilfe man sich bei den ersten Reviergängen genau orientiert. Eine kleinere Photoserie über die charakteristischsten Revierteile, die man später durch Bilder aus den verschiedenen Jahreszeiten ergänzt, wirkt sehr informativ, erleichtert die Anschauung und fördert später die so wesentliche räumliche Vorstellung. Natürlich trägt man in die Revierkarte, soweit nicht schon vorhanden, den Verlauf von Pirschpfaden, die Lage der Hochsitze, Schirme und der Fütterungen ein.

Eine der wichtigsten und stets notwendigen Arbeiten ist nun ein möglichst vollkommenes Erfassen der Wechsel und Äsungsplätze des Rotwildes, der Einstände, der Suhlen usw. Am besten kopiert man hierzu die Revierkarte oder trägt auf einen darüber gelegten transparenten Boden die Lage dieser wichtigen Punkte ein. Gute Beispiele hierzu geben die Abbildungen der Wechselsysteme zu dem Kapitel »Einstand und Wechsel«. Nach meinen Erfahrungen erleichtert es alle Rotwildbeobachtungen und die später daraus zu ziehenden Schlüsse wesentlich, die genaue räumliche Vorstellung darüber anhand der selbst gezeichneten und zusammengestellten Karte stets im Kopf zu haben. Natürlich setzt das eine gewisse Vertrautheit im Umgang mit Karten voraus, doch findet man oft überraschend schnell von selbst dazu, wenn man es einige Male geübt hat.

Damit kommen wir zu den direkten Beobachtungen, bei denen natürlich die Interessen des Einzelnen zur Geltung kommen. Allgemein dürften jedoch stets einige Grundfeststellungen im Vordergrund stehen, selbst wenn die individuellen Neigungen weit auseinandergehen. Ich versuche hier, die wichtigsten Teilgebiete der möglichen Beobachtungen sowie ihre Technik und Aufzeichnung nur stichwortartig zu umreißen.

Wildzählung: Die Wildzählung in größerem Rahmen als Grundlage der Abschußplanung wurde schon in einem der vorigen Kapitel beschrieben. Für Wildzählungen in Einzelrevieren: Eintragung beobachteter, gezählter Stücke Wild in Revierkarte in gleichmäßigen Zeitintervallen. Fährtenzählung. Zählung an Fütterungen. Die Wildzählung wird um so aufschlußreicher, je länger sie regelmäßig durchgeführt wird. Karteikarten, nach Ort oder Jahren sortiert, sind empfehlenswert.

Bestandsgliederung: Geschlechts- und Altersgruppenbestimmung bei direkter Beobachtung. Einordnen beim weiblichen Wild: (Alttiere evtl. führende Alttiere), Schmaltiere, Kälber. Beim männlichen Wild: Einjährige (Spießer), 2–3jährige,

4–5jährige, 6–9jährige, 10jährige und ältere Hirsche. Die Altersgruppenbildung erleichtert die Bestimmung und verhilft zu größerer Vollständigkeit als eine noch detailliertere Altersklassifizierung. Aufzeichnung in Karteikarten empfehlenswert. Jedes Rudel oder jeden Trupp, auch Einzeltiere, getrennt klassifizieren.

Aktionsraum und Wanderungen: Individuell erkennbare Einzeltiere stichwortartig beschreiben und anhand dieser »Steckbriefe« bestimmen. Beobachtungsorte in Revierkarte eintragen oder mit beschrifteten Nadeln markieren. Wiederholte Beobachtung über längeren Zeitraum gibt die Größe des Aktionsraumes wieder. Eintragung in Karteikarte empfehlenswert (jedes Tier erhält eine farbige Karte). Für intensive Beobachtung ist Sichtmarkierung notwendig.

Soziale Bindung: Beobachtung sichtmarkierter Tiere. Eintragung über Zusammenhalt von Alttieren und Kälbern, Alttieren eines Rudels untereinander, Hirschen untereinander. Prozentsatz von Junghirschen im Kahlwildrudel gibt Mutterbindung männlicher Hirsche an. Kartei über Einzelbindungen mit Beobachtungsort und -datum anlegen.

Äsung: Herbarium über die im Beobachtungsgebiet vorkommenden Pflanzen anlegen. Verbreitung der wichtigsten Äsungspflanzen und Baumarten in Revierkarte eintragen. Qualitativer Katalog über die geästen Pflanzenarten. Bevorzugte Äsungspflanzen durch direkte Beobachtung des äsenden Rotwilds und Abstoppen der Äsungsdauer ermitteln.

Verhalten: Aufzeichnung der Verhaltensbeschreibung in Protokollform. Zusammenstellung der Einzelbeobachtungen, entweder in chronologischer Reihenfolge (Tagebuch) oder nach Teilgebieten geordnet. Für den Umfang dieser Teilgebiete gibt die Kapitelgliederung dieses Buches bereits einen Anhaltspunkt. Wildphotographie mit Teleobjektiven unterstützt und bereichert die Beobachtung.

Ich habe verschiedene Arten der Aufzeichnung von Beobachtungen empfohlen. Am gebräuchlichsten sind solche in Tagebuchform. Unser Gedächtnis orientiert sich ja oft unbewußt chronologisch, und Tagebuchaufzeichnungen kommen diesem Umstand entgegen. Die einzelnen Abschnitte im Tagebuch numeriert man am besten, was später die Bezugnahme erleichtert. Der Kopf dieser Abschnitte enthält Angaben über Datum, Beobachtungsort, Wetter, Dauer des Reviergangs oder des Ansitzes und evtl. Namen von Begleitern. Danach erst folgt der Text, wobei man jeder Einzelschilderung zweckmäßigerweise die Angabe der Uhrzeit vorausschickt. Je ausführlicher der Text ist, um so ergiebiger kann man daraus lernen. Lageskizzen und Photos sind äußerst instruktiv. Ein so gestaltetes Tagebuch, über längere Zeit geführt, wird zu einem wertvollen Dokument. Außerdem spiegelt es die persönliche Beziehung des Beobachters zum Tier wider und kann schon allein dadurch seinen Selbstzweck befriedigend erfüllen.

Karteikarten erlauben eine schnellere Auswertung, wenn sie richtig angelegt sind

Feldbeobachtung Nr. 217 ROTWILD

Ort: Revier Biegelhütte, Tiefenbach

Thema: Bestandsaufbau

Datum: 14. Juni 1963

Rudel Nr.	I	II	III	IV	V	VI	VII	VIII
Revierteil	Fran.	Abt.11	Drei-B.	Klippel	Abt.3	Abt.9		
Rudelgröße	3	12	1	1	7	2		
Hirsche	—	1	1	1	7	2		
Kahlwild u. Kälber	3	11	1	1	1	1		
Spießer	—	1	—	—	1	1		
2–3jährige Hirsche	—	—	—	—	2	1		
4–5jährige Hirsche	—	—	—	1	2	—		
6–9jährige Hirsche	—	1	1	1	1	1		
10jährige u.ältere	1	—	—	1	1	1		
Alttiere	1	5	—	—	—	—		
Schmaltiere	1	3	—	—	1	1		
Kälber	1	3	—	—	1	1		

Bemerkungen: Anmarsch zum Kloppel am frühen Nachmittag 1 Stde. nach heftigem Gewitter. Abwanderts in Abt. 3. – Rudel II: 1 Mlthier stark abgekommen, schont einslen Verhalten. Im Kampfspiel staf getragen wird.

und nach einem sinnvollen System geordnet werden. Die einfachste Einordnung wird mit farbigen Karten, etwa im DIN A 6-Format, vorgenommen, doch sind die Variationsmöglichkeiten hier auf die Anzahl der verschiedenen Farben beschränkt. Reichhaltigere Variationen sind mit Lochkarten zu erreichen. Unter vielen Gesichtspunkten kann man damit eine Beobachtung auswerten, was schnell und unkompliziert vorgenommen werden kann. Einen Vorschlag zur Gestaltung einer Karteikarte macht die Abb. 16. Sie gibt ein Beispiel für Beobachtungen zum Bestandsaufbau, also zur Geschlechts- und Altersklassengliederung. Zur Aufschlüsselung würde man diese Karte z. B. nach Monaten zuordnen können oder nur nach Jahreszeiten, nach Jahren, je nach ihren Aussagen über Kahlwild, Hirsche oder Einzeltiere, nach den Beobachtungsrevieren und -orten usw. Einzelheiten dieser Verfahren bleiben natürlich jedem selbst überlassen.

Der hier gegebene kurze Überblick über ein planmäßiges Beobachten macht deutlich, daß mit geringer Mühe bereits eine exakte Aussage mit objektivem Wert festgehalten werden kann. Hierzu ist keinerlei wissenschaftliche Vorbildung nötig. Natürlich kann dies nur eine Anregung zu genaueren Aufzeichnungen sein, die uns ja immer dazu veranlassen, die Beobachtungen länger im Gedächtnis zu behalten, kritischer zu durchdenken und uns so intensiver mit dem Wild auseinanderzusetzen. Der Weg für wissenschaftliche Untersuchungen sollte hier nicht geschildert werden, dazu ist die Materie zu umfangreich und für die Mehrzahl der Leser uninteressant. Wer sich dennoch weiter orientieren möchte, sei auf die hochentwickelte Technik der Wildforschung vor allem in Amerika und Kanada hingewiesen, die eine vorzügliche Darstellung in dem Lehrbuch »Wildlife Investigational Techniques« (H. S. Mosley ed., 1969, The Wildlife Society, Blacksburg, Va. USA) erfahren hat. In deutscher Sprache möchte ich vor allem das neue Lehrbuch über Wildökologie von H. Gossow (1976) empfehlen.

Abb. 16 Karteikarte zur Altersklassengliederung.

Wildbiologie und Hegepraxis beim Rotwild

»Wir sind allzusehr Trophäenjäger geworden . . .« stellt ULRICH SCHERPING 1958 in seinem Geleitwort zu dem Buch »Das Ansprechen des Rotwildes« von W. HETSCHOLD fest. Dieser Satz ist nun schon vor zwei Jahrzehnten geschrieben worden und kennzeichnet die Kritik an einer scheinbar bis zur Perfektion gelangten, allmählich aber stagnierenden Überbewertung des Wahlabschusses anhand von Geweihmerkmalen. Die gewünschte Form und Stärke der Trophäe vor Augen, ist der Abschuß von sogenannten »Artverderbern« im Zuge einer nicht ungefährlichen Tradition lange Zeit zur beherrschenden Maßnahme der »Hege mit der Büchse« geworden. Doch das beginnt jetzt anders zu werden.

Die erschreckend hohen Wildschäden in unseren äsungsarmen Revieren machen eine Reduktion der Wildbestände und eine straffe Regulierung notwendig. Die Herstellung der angemessenen Wilddichte verbessert aber auch gleichzeitig die Körperkonstitution des Rotwildes, wie schon klassische Studien gezeigt haben (BENINDE 1937), und steht so letztlich auch im Interesse des Trophäenjägers. Dieser beschränkt sich nun notwendigerweise auf weniger, dafür aber stärkere Hirsche. Außerdem konnte besonders anhand der anschaulichen graphischen Darstellung von Alterspyramiden leicht gezeigt werden, wie sich eine Verschiebung des Geschlechterverhältnisses und des Altersaufbaus auf die »Ernte« an alten, reifen Trophäenträgern auswirkt. Mit überzeugender Eindringlichkeit ist zu erkennen, daß eine Begünstigung des männlichen Wildes

1. die Regulierung des Wildbestandes erleichtert,
2. den unattraktiven Kälberabschuß in Grenzen hält und
3. den ersehnten Hirschabschuß erhöht.

Grundlagen für eine Bejagung nach diesen Gesichtspunkten wurden dann die Kenntnis des jährlichen Zuwachses mit durchschnittlich 65—70 % des Alttier- und Schmaltierbestands (v. RAESFELD 1957, KRÖNING und VORREYER 1957 u. a.) — hieran orientiert sich die Abschußquote — und der Begriff des Zielalters, der die erwünschte Altersgrenze der hegewürdigen Hirsche und auch des Kahlwildes festlegt.

Die Erfolge einer gezielten Bejagung, auf diesen Erkenntnissen beruhend, sind nicht ausgeblieben. Mit Stolz verzeichnen fortschrittlich geleitete Rotwildringe eine von Jahr zu Jahr wachsende Stärke und Zahl der erbeuteten Trophäen. Dabei dürfte es für jeden einigermaßen mit der Materie Vertrauten klar sein, daß die regulierende Wirkung des gezielten Abschusses auf Wilddichte, Geschlechterverhältnis und Altersaufbau des Bestandes absolut schwerwiegender bei diesen Erfolgen war als der Wahlabschuß anhand von Geweihmerkmalen. Deutlich wird dies von den Begründern der z. Zt. in Deutschland als vorbildlich geltenden Abschußrichtlinien zum Ausdruck gebracht (DRECHSLER 1970). Worte wie »Artverderber« scheinen allmählich zur Genugtuung jedes Rotwildkenners aus dem Vokabular der Hegepraxis zu verschwinden. Überspitzte Abschußrichtlinien nach Geweihmerkmalen, denen auch jeder gesunde Hirsch spätestens in der mittleren Altersklasse nicht mehr gewachsen ist, werden nur noch selten verfochten.

Was jedoch auch von den anerkannten Experten der Rotwildhege nach meinen Beobachtungen noch nicht oder nur in geringem Maße erkannt worden ist, sind die biologischen Auswirkungen der immer noch auf die Trophäe gerichteten gezielten Bejagung. Damit meine ich die Veränderungen der Rotwildbestände

1. in ihrer Beziehung zur Umwelt und
2. in ihrem innerartlichen Verhalten.

Vorwegnehmend möchte ich mit Erleichterung feststellen, daß sich ein Teil der regulierenden Maßnahmen zur Trophäenhege biologisch positiv auswirkt. In erster Linie ist es die endlich massiv geforderte Schonung der mittelalten Hirsche, die jeder Wildbiologe mit Freude zur Kenntnis nehmen wird. Doch betrachten wir die biologischen Auswirkungen der Bejagung nun eingehend und versuchen wir von daher anschließend eine Verständigung zwischen Rotwildhege und -biologie.

Die wirtschaftlich tragbare Wilddichte überschreitet in vielen Rotwildgebieten nicht die vom Äsungsangebot begrenzte Wilddichte. Das Rotwild, das ja, abgesehen von Brunft- und Setzzeit, kein Territorialverhalten mit Ausschluß von Artgenossen kennt, neigt grundsätzlich zum sozialen Zusammenschluß. Es leidet daher im Gegensatz zu territorialen Wildarten, wie z. B. dem Reh, nicht unter überhöhter Wilddichte, solange nur die Lebensbedingungen, in erster Linie die Äsungsverhältnisse, ausreichend sind. Infolgedessen gedeiht in äsungsreichen Revieren Rotwild in höherer Dichte ebenso gut oder besser als in äsungsarmen Revieren. Richtungweisend für die Bewirtschaftung des Rotwildes war daher die von UECKERMANN begründete Standortlehre, auf die schon im Kapitel »Wildbestand und Wilddichte« Bezug genommen wurde. In Revieren mit einer der Standortgüte angemessenen Wilddichte läßt sich also in diesem Sinne im allgemeinen ein Optimum an Körperkonstitution beim Rotwild erwarten.

Die Bestandsregulierung durch einen Abschuß in Höhe des jährlichen Zuwachses hält, wenn die erstrebte Wilddichte erreicht ist, den Bestand zahlenmäßig konstant. Hiermit wird eine Stabilität erreicht, die sich positiv auf eine gleichmäßige Umweltnutzung durch das Rotwild auswirkt. Starke Bestandsschwankungen verursachen eine Labilität im Verhalten des Rotwildes zur Umwelt, das ja nicht nur von angeborenem Verhalten, sondern auch von Traditionen bestimmt wird. Diese Stabilität wirkt sich auch ausgleichend auf die innerartlichen Beziehungen der Tiere aus, z. B. auf die Rudelgröße und somit auf das Verhalten im Rudelverband.

Ein ausgeglichenes Geschlechterverhältnis fördert eine möglichst gleichmäßige Verteilung der Tiere im Raum, lindert dadurch örtliche Äsungsschäden und Äsungsverknappung und entschärft die soziale Konkurrenz der Tiere im Verband. Nehmen wir zunächst einen Überhang an weiblichen Tieren an. Kahlwild unter sich hat gleiche Umweltsbevorzugungen, gesellt sich zueinander und massiert sich so in den von ihm bevorzugten Gebieten. Sind zu wenig Geweihte vorhanden, so sinkt die Fortpflanzungsrate; ein geringerer Anteil an Kahlwild wird beschlagen und setzt Kälber. Die kälberlosen Tiere neigen zu verstärktem Zusammenschluß, während führende Alttiere selbständiger sind und eine Neugründung von Kahlwildtrupps und damit eine bessere Verteilung im Rotwildgebiet begünstigen. Die gleichen Schwierigkeiten werden durch die Bejagung hervorgerufen. Soll die Zuwachszahl abgeschossen werden, so verjüngt sich der Bestand. Will man dem vorbeugen, so muß man bevorzugt Kälber und Schmaltiere schießen. Dadurch werden bei Kahlwildüberhang aber die führenden Alttiere isoliert, da man oft gezwungen ist, aus dem Gynopädium sowohl das Kalb als auch das Schmaltier herauszuschießen. Alleinstehende Alttiere neigen verstärkt zum Zusammenschluß (s. o.), und wir haben wieder den gleichen Massierungseffekt wie oben. Eine Verjüngung des Bestands wirkt sich, das dürfte wohl klar sein, ebenso aus.

Bei Hirschüberhang massieren sich die Geweihten auf Grund derselben Umweltbevorzugung. In übergroßen Hirschrudeln verlagert sich außerdem das Schwergewicht auf die Jahrgänge des Übergangs von der Jugend- zur mittelalten Klasse. Dies ist auf die Lösung der Mutterbindung im zweiten Lebensjahr zurückzuführen, der eine mehrjährige Phase der Rudelbindung folgt. Diese Phase des Erwachsenwerdens ist begleitet von einem Ranganstieg innerhalb der sozialen Hierarchie des Hirschrudels. Der vollständig ausgewachsene Hirsch aber zeigt wieder eine Tendenz zum Selbständigwerden, zur Lösung vom Hirschrudel. Durch dieses Verhalten spielt sich also der soziale Wettbewerb in Großrudeln auf der Ebene weniger Jahrgänge, etwa 3.–7. Kopf, ab. In der altersmäßig schlecht abgestuften Rudelzusammensetzung tritt eine altersbedingte Rangstärke in den Hintergrund. Die Folge davon ist ein gesteigerter sozialer Wettbewerb um die Rangplätze innerhalb der Hierarchie. Diese hat dann keine geordnete lineare Struktur mehr, sondern ist eine Anarchie mit sich überkreuzenden Dominanzverhältnissen. Die in dieser Weise desorganisierten Hirschrudel vergeuden Energie in unkoordinierten Aggressionen, Dominanzen verstärken sich zu Streßbedingungen, »Prügelknaben« — und »Radfahrereffekte« beeinträchtigen die physische Konstitution und das angeborene Verhalten. Diese nachteiligen Auswirkungen werden verstärkt durch die jahreszeitlichen Rangveränderungen beim Geweihabwurf, Fegen, zu Beginn der Brunft und danach. Je größer das Rudel ist, um so mehr ziehen sich diese sozial-dynamischen Phasen in die Länge und lassen keine Stabilität aufkommen. Übrigens sind ähnliche Effekte auch in Kahlwildrudeln zu beobachten, doch wissen wir hierüber noch zu wenig. Auffälliger als im Hirschrudel sind die Konflikte zwischen Brunfthirschen bei einem Überwiegen der Geweihten, worauf im Kapitel über das Geschlechterverhältnis schon hingewiesen wurde. Es sei hier noch einmal daran erinnert, daß sich diese Konflikte im deckungsarmen offenen Gelände verschärfen.

Bei dem Regulierungsabschuß der fortschrittlicheren unter den Hegeringen mußten also Verbesserungen der Rotwildbestände aus biologischen Gründen in gewissem Umfang eintreten. Bei der beinahe unfaßbaren Attraktion, die vom Geweih auf den Trophäenheger von heute ausgeht, ist es nicht zu verwundern, daß von diesen biologischen Gründen allerdings so gut wie nie die Rede ist. Eine biologisch ausgerichtete Hege und die Trophäenhege berühren sich in vielen Punkten. Ich bin mir dessen bewußt, daß die Trophäenliebe Motor von Hegemaßnahmen gewesen ist, die starke Rotwildbestände in unsere Zeit herübergerettet haben. Angesichts der hektisch wachsenden Probleme um die Rotwildhege ist es aber stark zu bezweifeln, daß die bisherigen Anstrengungen auch für die Zukunft ausreichen werden. Dies gilt um so mehr, als nicht alle maßgebenden Instanzen, die über die Geschicke des Rotwildes entscheiden, gleichzeitig Trophäenbewunderer genug sind, um Beeinträchtigungen durch Wildschäden in Kauf zu nehmen oder um bei anderer Landnutzung für das Rotwild Rücksicht walten zu lassen.

Aus der Sicht des Wildbiologen ist die Jagd eine der Kräfte, die Größe und Zusammensetzung der Wildbestände beeinflussen. Im übrigen aber steht für ihn das Wild selbst mit seiner arteigenen Populationsstruktur und mit seinem arteigenen Verhalten im Vordergrund. Infolgedessen muß er sich für alle Maßnahmen einsetzen, die für den arteigenen Charakter des Wildes förderlich sind. Wird dieser durch die Jagd beeinträchtigt, so ist er von seinem Tun her verpflichtet, darauf aufmerksam zu machen und sich für einen dem Wild zuträglicheren Weg einzusetzen. Kriterium für ihn ist das körperliche und verhaltensmäßige Wohlbefinden des Wildes im arteigenen Rahmen. In der Kunstsituation unserer Wirtschaftswälder muß versucht werden, diesen arteigenen Rahmen nach bestem Wissen und Können nachzuahmen. In der Regel sollten die jagdlich wie biologisch sinnvollen Maßnahmen miteinander übereinstimmen. Da aber beide einer Entwicklung durch neue Einsichten und Erkenntnisse unterliegen, die bei der Jagd vorwiegend empirisch, bei der Wildbiologie mehr systematisch-wissenschaftlich gewonnen werden, kommt es öfters zu Diskrepanzen. Beim Rotwild habe ich den Eindruck und die Hoffnung, daß sich allmählich eine Angleichung beider vollziehen wird.

Die vorhin geschilderten biologischen Auswirkungen der Bejagung lassen bereits erkennen, wo der Regulierungsabschuß im einzelnen noch besondere Sorgfalt erfordert. Dies ist einmal die richtige Balance des Geschlechterverhältnisses, dessen negative Auswirkungen bei Verschiebung in der einen oder anderen Richtung so augenfällig sind. Auf diese Auswirkungen sollte sich das Augenmerk des Jägers richten und nicht so sehr ausschließlich vom Geweih einfangen lassen. Wenn die für den Hirschüberhang geschilderten nachteiligen Effekte eintreten, so sollte im Interesse des Wildes auf einen höheren Hirschanteil verzichtet werden, auch wenn dadurch ein paar Trophäen weniger erbeutet werden. Wir gefährden sonst das biologische Gleichgewicht innerhalb des Wildbestandes und schaden dadurch letztlich auch der Jagd. Das gleiche gilt mit umgekehrten Vorzeichen natürlich auch für einen überhöhten Kahlwildanteil. Es ist jedoch vom wildbiologischen Standpunkt aus durchaus dafür zu plädieren, daß man das Geschlechterverhältnis nicht in nackten Zahlen, z. B. innerhalb des Bundesgebietes, festlegt, sondern daß man es den einzelnen Hegeringen selbst überläßt, das für ihr Gebiet richtige Verhältnis herauszufinden.

Beim Kahlwildabschuß sollte die im Kapitel »Das Kahlwildrudel« geschilderte Gliederung in Mutterfamilien stärker berücksichtigt werden. Wie ich vorhin schon ausführte, fördert die Erhaltung der Höchstzahl von Familieneinheiten die Selbständigkeit der Tiere und begünstigt eine bessere Verteilung im Raum. Sehr deutlich hat F. KURT (1970) die Konsequenzen des Abschusses für die Sprungzahl beim Rehwild dargestellt. Im Prinzip gelten die dabei aufgezeigten Gesetzmäßigkeiten auch beim Rotwild, wenn auch in abgeschwächter Form. Eine Mutterfamilie als soziale Einheit im Kahlwildrudel wird zerstört, wenn aus dem Gynopädium Alttier, Schmaltier, Kalb entweder das führende Alttier oder beide Jungtiere herausgeschossen werden. Um so viele soziale Einheiten als Grundbausteine des Rudels wie möglich zu erhalten, sollte man beim Abschuß von Schmaltieren und Kälbern nur entweder das Schmaltier oder das Kalb von der Mutter wegschießen, niemals aber beide zusammen. Sollen Alttiere geschossen werden, so ist es empfehlenswert, auch das Kalb und das Schmaltier zur Strecke zu bringen. Da Tripletten nur unter Ausnahmebedingungen praktikabel sind, sollte dies in zwei Schritten erfolgen: man erlegt zuerst eines der Jungtiere und später das Alttier und das zweite Jungtier. Im geschlossenen Rudelverband muß man sich natürlich Mühe geben, die Familienzusammensetzung herauszufinden. Es geht aber bei einiger Übung, und außerdem kommen die Familien ja auch oft genug alleine oder etwas getrennt in Anblick.

Bei den Hirschen sollte der Verminderungsabschuß so früh wie möglich durchgeführt werden, damit danach, etwa ab 4.—5. Kopf, alle mittelalten Hirsche in der Rudelorganisation zur Ruhe kommen können. Erst ab dem Zielalter sollten dann die Hirsche wieder zum Abschuß freigegeben werden. Man erzielt durch diese aus biologischen Gründen wichtige Maßnahme übrigens auch mit dem Opfer einiger Junghirsche einen vergleichsweise höheren Anteil an wirklich alten Hirschen. Schade ist es aber um jeden mittelalten Hirsch, falls nicht eine krankhafte Schädigung oder eine extreme Schwächenanlage sichtbar wird. Die mittelalten Hirsche befinden sich ja mitten in ihrer sozialen Aufwärtsentwicklung, und ihr Verlust reißt stets eine Lücke in die gerade aufkeimende Rudelgemeinschaft. Durch das Freiwerden des Rangplatzes setzt dabei jedesmal ein heftiger Wettstreit zwischen den Hirschen der benachbarten Rangplätze ein. Dadurch wird das soziale Ranggefüge labil, und die Rudelgemeinschaft ist innerlich verunsichert. Hirsche vom 2.–3. Kopf dagegen besetzen meistens nur die untersten Rangplätze der sozialen Stufenleiter, und ihr Verlust hat keine besonderen schwerwiegenden Folgen, da um diese Plätze keine so heftige Konkurrenz entsteht. Der höhere Anteil älterer Hirsche, der durch den so verteilten Abschuß möglich wird, fördert wiederum eine Verteilung der Geweihten in kleinere Trupps. Übrigens ahmt ein Abschuß der entweder ganz jungen oder der ganz alten Jahrgänge genau den selektierenden Verlust durch Raubwild und Naturkatastrophen nach, wie er in Urwaldrevieren unter natürlichen Verhältnissen zu finden ist.

Ich habe meine Ausführungen hier auf die biologischen Auswirkungen der Abschußrichtlinien beschränkt. Ich will dabei nicht alle anderen, ebenso wichtigen Maßnahmen der Hegepraxis, wie z. B. Fütterung, waldbauliche Maßnahmen sowie Anlage von Wildäckern und Grünäsungsflächen, vergessen. Doch würde es den Rahmen dieses Buches sprengen, darauf genauer einzugehen, und ich mache auf die Darstellungen in den praktischen Anleitungen der Rotwildhege aufmerksam (z. B. RAESFELD 1957, UECKERMANN 1960 und 1964). Ich möchte dieses Kapitel mit einem Hinweis auf die explosionsartige Entwicklung der Forschungen zum sogenannten »Wildlife Management« in der Neuen Welt und im Zuge der afrikanischen Wildforschung schließen, deren Wellen die mitteleuropäischen Gebiete noch nicht so recht erreicht haben. Im Vergleich zur Fülle der dort ausgearbeiteten Erfahrungen und Methoden hält die Wild- und Jagdforschung bei uns noch ihren Dornröschenschlaf.

Der Rothirsch – Stolz unserer Wildbahn

Es gehört schon etwas Mut dazu, in einem zu Beginn der siebziger Jahre erscheinenden wildbiologischen Buch noch zu einer solchen Kapitelüberschrift zu stehen. Eine gewisse Sorte Waldwirtschaftler, die dieses Büchlein vielleicht auf der Suche nach »biologischer Rotwildbekämpfung« durchblättert hat, wird spätestens bei diesen Zeilen zum Blattschuß auf den Autor aufrufen. Aber es ist die Erhaltung des Rotwildes, dem es auf dem notwendigen Weg über eine allgemeinverständliche Wissensvermittlung gewidmet ist. Das letzte Kapitel möge sich kritisch aus biologischer Sicht heraus zusammenfassend mit den Gefahren und Schwierigkeiten der Rotwildhege auseinandersetzen, die im Rahmen des Möglichen einen gesunden Wildbestand zu erhalten versucht.

Der Raum für unser Rotwild und die Grenzen für seine Bestände sind eng geworden. Autobahnen und Straßen durchschneiden zusammenhängende Verbreitungsgebiete. Städte und Dörfer breiten sich aus und drängen die Grenzen der Rotwildreviere immer weiter zurück. Erholungssiedlungen und Militäranlagen werden in die Zentren der Rotwildgebiete gepflanzt und bilden Unruheherde. Landeskulturell »vernachlässigte« Gebiete werden plötzlich für den Fremdenverkehr entdeckt, man wirbt für ihren Besuch, und schon ergießt sich ein unendlicher Menschenstrom in die Stille der Wälder. Das elementare Bedürfnis des Stadtmenschen nach der Natur wird unter vielen Konflikten und unter oft unnötigen, unwiederbringlichen Verlusten befriedigt. Wie paßt unsere größte Wildart, der Rothirsch, in diese wildfeindliche Welt, die sich mit nie gekanntem Tempo entwickelt, in deren Mittelpunkt alleinherrschend der Mensch steht? Kaum noch, wenn es nicht gelingt, illusionslos unter Ausnutzung genauester Kenntnisse wildbiologischer Zusammenhänge die Hindernisse zu überwinden.

Die wichtigste Voraussetzung für das Gedeihen des freilebenden Rotwildes ist gleichzeitig am schwierigsten erfüllbar: große, zusammenhängende Verbreitungsgebiete. Die Lage wird dadurch ungemein schwieriger als etwa beim Rehwild. Wenn man sich auch in Zukunft nicht mit ausschließlicher Gatterhaltung des Rotwildes abfinden will, so muß baldmöglichst ein vorausschauender Plan für die zu erhaltenden Rotwildgebiete geschaffen werden. Andernfalls geht die schleichende Zerstückelung der Rotwildgebiete weiter, und die Rolle freilebenden Rotwildes wird schnell zu Ende sein.

Über die in den Rotwildgebieten wirtschaftlich vertretbare Wilddichte herrscht noch weitgehend Uneinigkeit. Von forstlicher Seite wird wiederholt die Forderung nach einer Reduktion auf 1 Stück Rotwild pro 100 ha gestellt. Das mag zwar verwaltungstechnisch als eine umkomplizierte Maßnahme erscheinen. Es muß hier jedoch in aller Deutlichkeit gesagt werden, daß eine so generelle Forderung wildbiologisch völlig unsinnig ist. Es wird Gebiete geben, in denen durch diese Reduktion des Wildbestandes der Wildschaden nicht verringert wird. Vielmehr wird sie vielerorts eine geregelte Bejagung derart erschweren, daß eine gezielte Wildbestandsregulierung nicht mehr möglich ist. Das gilt vor allem in jagdwirtschaftlich zersplitterten Rotwildgebieten, wie sie ja geradezu schon zur Regel geworden sind. Trifft das Rotwild aber auf Bedingungen, die ihm nicht zusagen, so wandert es ab und folgt seiner sozialen Tendenz zum Zusammenschluß mit Artgenossen. Dadurch kommt es dann in anderen Gebieten zu einer Überhöhung der Wilddichte, die dann wieder reduziert werden muß, und dann wiederholt sich der Prozeß noch einmal bis zur Verwahrlosung des Wildbestandes.

Man muß sich endlich einmal von der — vielleicht unbewußten — Vorstellung freimachen, daß die Tiere gleichmäßig, wie Punkte über die Landkarte verteilt, vorkommen. Gute Ansätze gibt die Lehre von der Standortgüte, auf die schon mehrfach hingewiesen wurde. Besser aber wäre es, die angemessene Wilddichte in jedem Rotwildgebiet selbst anhand von festen Kriterien zu bestimmen. Solche Kriterien könnten z. B. bestimmte Intensitäten des Schadens sein oder überhaupt der Einflüsse des Rotwildes auf Umgebung und Vegetation. Hier bietet sich noch eine wichtige Aufgabe für die angewandte Rotwildforschung. Im Zusammenhang damit müssen natürlich auch die Bemühungen um eine Verbesserung der Revierverhältnisse genannt werden. Leider hängen diese immer erheblich von der Finanzstärke des jeweiligen Revierinhabers ab.

Die Größe des Aktionsraums beim Rotwild und der notwendige Umfang eines zur geschlossenen Population organisierten Wildbestands erfordert den Zusammenschluß der Rotwildjäger eines Vorkommens, wie es in den sogenannten Rotwildringen ja bereits praktiziert wird. Nur auf der Grundlage eines gemeinsam ausgearbeiteten Bewirtschaftungsplans kann eine einigermaßen sinnvolle Rotwildhege und Bestandsregulierung betrieben werden. Darüber hinaus wäre eine nicht kleinlich bemessene, gesetzlich festgelegte Mindestgröße der Reviereinheiten zu begrüßen. Die Entwicklung eines Rotwildbestandes wird ja nicht von den oft nur 1—2 Dutzend Stück Rotwild bestimmt, die inmitten eines Rotwildgebiets durch eine vielleicht 200 ha große Jagdparzelle streifen. Zu dem organischen Verhalten einer Rotwildpopulation gehört eine gut gegliederte räumliche Gemeinschaft von mehreren Hundert Stück Rotwild. Diese Gemeinschaft darf nicht nach vielen Einzelinteressen getrennt bejagt und zerstückelt werden. Man muß sie als eine geschlossene Einheit betrachten. Ohne eine gewissenhafte Bejagung nach einem einheitlichen Plan bleibt die Rotwildhege in unsern Zwergrevieren nur eine schöne Illusion.

Bei dem nach Geschlecht und Alter selektierenden Regulationsabschuß würde es der Erhaltung der Rotwildbestände dienen, wenn man nicht durch Versuch und Irrtum ausschließlich den Weg mit dem Endziel der stärksten Trophäe gehen würde. Ein für das Wild selbst viel wichtigeres Endziel sind physischer Wohlstand und voll entwickeltes arteigenes Verhalten. Dafür gibt es, ebenso wie für die Geweihbildung, Kriterien, die wir beobachten können. Es zeugt z. B. von körperlichem und verhaltensmäßigem Wohlstand, wenn das Rotwild in einem Revier gut ernährt ist, tagsüber in mehreren Äsungsperioden zu Stellen mit wertvoller Äsung austritt und dabei für das Anwechseln vom Einstand keinen langen Weg hat. Ebenfalls ein gutes Zeichen sind Brunftplätze, die über mindestens zwei Wochen hinweg von ein und demselben Platzhirsch besetzt werden und auf denen das Brunftrudel bis in die späten Vormittagsstunden hinein verbleibt, ehe es in den Einstand zieht. Ein Revier, in dem man solche Beobachtungen machen kann, hat sicherlich einen gesunden und starken Rotwildbestand. Daß dabei natürlich auch die Geweihe gedeihen, versteht sich von selbst. Andererseits ist aber in Revieren auch mit starken Geweihen, in denen man zur Brunft überall und nirgends, aber nicht auf Brunftplätzen, das Rotwild antreffen kann, wo mehrere erwachsene Hirsche um ein Alttier mit Kalb herumtanzen und wo die Hirsche abends nicht den Äser zum Brunftschrei aufzutun wagen, irgend etwas nicht in Ordnung.

In einer Zeit, in der die Umwandlung der Umwelt in schnellem Fluß vor sich geht, kann die Rotwildhege nicht bei dem Ziel des Geweihes stehenbleiben. Sie muß erweitert werden um die Aspekte einer wildbiologischen Hege, wie ich sie im vorigen Kapitel nach unserem heutigen Wissensstand kurz umrissen habe. Hierzu wird ein Umdenken des Rotwildjägers notwendig, das sich natürlich nicht revolutionsartig, sondern besser in kontrollierten Schritten allmählich und organisch vollziehen sollte. Allerdings — die Trophäenhege hat die Rotwildjäger vereinigt, zu gemeinschaftlichen Hegemaßnahmen angeregt und so schon zuviel Gutes gewirkt, als daß man sie jetzt aus zu einseitigem wildbiologischem Blickwinkel heraus wie ein gefährliches Übel bekämpfen sollte. Auch Wildbiologen mit mutigen, fortschrittlichen Zielen müssen sich kritisch an dem orientieren, was nun einmal zu erreichen ist und was nicht. Doch die Gefahr von außen, die unsere Rotwildgebiete bedroht, sollte uns eindringlich vor Augen stehen, um gemeinsam das zu tun, was für das Wild am besten ist. Letzten Endes muß doch den Wildgegnern überzeugend bewiesen werden, daß die Erhaltung des Rotwildes unsere Landschaft unersetzlich bereichert und beseelt und daß Rotwild der gemeinsame Schatz der Völker ist, die durch naturentfremdende Zivilisation vermehrt auf eine Bindung an die Natur angewiesen sind. Womit könnte man das besser, als mit einem gesunden und biologisch ausgewogenen Rotwildbestand in freier Wildbahn, der so wertvoll ist, daß man ihn schon um seiner selbst willen erhalten sollte?

Literatur

ANTONIUS, O.: Über Herdenbildung und Paarungseigentümlichkeiten bei Einhufern. Z. f. Tierpsychologie *1*, 259—289, 1937.

BEAUFORT, F. de: Lynx des Pyrénées, Félis lynx lynx (L.). Mammalia *29*, 598—601, 1965.

BEHRENS und GUSSONE: Wie ist das natürliche Zahlenverhältnis des männlichen und des weiblichen Geschlechtes beim Rotwild? Verhdlg. Hils-Solling Forstver. Jg. 1908.

BENINDE, J.: Zur Naturgeschichte des Rothirsches. Monograph. d. Wildsäugetiere, Bd. IV. Leipzig, 1937.

BENZEL, W.: Im Paradies der Hirsche. Hamburg u. Berlin, 1967.

BIEGER, W.: Handbuch der deutschen Jagd. Bd. 1. Berlin, 1941.

BLEY, F.: Der Rothirsch. In: Meerwarth, H. und K. Soffel: Lebensbilder aus der Tierwelt Europas. Vol. 3, 81—123. Leipzig, 1921.

BÖLSCHE, W.: Liebesroman der Hirsche. Dresden, 1923.

BROWMAN, L. and P. HUDSON: Behaviour of Penned Mule Deer. J. Mammal. *38*, 247, 1957.

BRÜGGEMANN, J. und K. KÄRST: Fütterung von Reh- und Rotwild. Der Anblick 12/XVII, 1962.

BRUHIN, H.: Zur Biologie der Stirnaufsätze bei Huftieren. Physiologica Comp. Oecol. *3*, 63—92 u. 93—127, 1953.

BUBENIK, A., LOCHMANN und J. PRUSEK: Biostatistische Untersuchung einer Hirschbrunft. Z. f. Jagdwissenschaft *2*, 142—148, 1956.

BUBENIK, A. und J. LOCHMANN: Futterverbrauch und Tagesrhythmus der Futteraufnahme bei Reh- und Rotwild. Z. f. Jagdwissenschaft *2*, 112—118, 1956.

BUBENIK, A.: Neue Wege der Rotwildfütterung. Der Anblick *14*, 41—45, 1959.

DERS.: Beitrag zur Geburtskunde und zu den Mutter-Kind-Beziehungen des Reh- (Capreolus capreolus L.) und Rotwildes (Cervus elaphus L.). Z. f. Säugetierkde. *30*, 65 bis 128, 1965.

DERS.: Das Geweih. Hamburg u. Berlin, 1966.

BUECHNER, H. K. and R. SCHLOETH: Ceremonial Mating Behavior in Uganda Kob (Adenota Kob thomasi Neumann). Z. f. Tierpsychologie *22*, 209—225.

BÜTZLER, W.: Kampf- und Paarungsverhalten, soziale Rangordnung und Aktivitätsperiodik beim Rothirsch (Cervus elaphus L.). Fortschr. d. Verhaltensforsch. Beih. 16 der Z. Tierpsychol., S. 1—80, Verlag Paul Parey, Hamburg und Berlin, 1974.

DARLING, F. F.: A Herd of Red Deer. Oxford, 1937.

DAUSTER, K. H.: Untersuchungen über die Zusammensetzung und Aufnahme der Äsung des Rotwildes und ihre Beziehung zur Schälfrage. Mitt. Forstw. Forstwiss., 216—230, Hannover, 1939.

DERS.: Das Wildbretgewicht nordwestdeutscher Rotwildstämme. Z. f. Jagdkd., 1940.

DRECHSLER, H.: Klassische Hege — klassischer Irrtum? Die Pirsch 22, H. 3, 99—100, 1970.

DUBOST, G.: Observations éthologiques sur le Muntjak (Muntiacus muntjak Zimmermann 1780 et M. reevesi Ogilby 1839) en captivité et semi — liberté. Z. Tierpsychol. *28*, 387—427, 1971.

EIBL-EIBESFELDT, I.: Grundriß der vergleichenden Verhaltensforschung. München, 1967.

FRISCH, O. v.: Versuche über die Änderungen der Herzfrequenz bei Tieren bei psychischer Erregung. Z. f. Tierpsychologie 22, 104—118, 1965.

DERS.: Herzfrequenzänderung bei Drückreaktionen junger Nestflüchter. Z. f. Tierpsychologie 23, 497—500, 1966.

GEIST, V.: The Evolution of Horn-Like Organs. Behaviour 27, 175—214, 1966.

GOSS, R. J.: The Deciduous Nature of Deer Antlers. In: Mechanisms of Hard Tissue Destructions, Publ. No. 75 of the Americ. Assoc. for the Advancem. of Sc., Washington, D.C., 339—369, 1963.

GOSSOW, H.: Einfluß des Geweihwechsels auf die Rangordnung im Hirschrudel. Umschau, 241—242, 1971.

DERS.: Wildökologie, BLV, München, Bern, Wien, 1976.

GUNDLACH, H.: Brutfürsorge, Brutpflege, Verhaltensontogenese und Tagesperiodik beim Europäischen Wildschwein (Sus scrofa L.). Z. f. Tierpsychologie 25, 955—995, 1968.

HABER, A. and G. MATUSZEWSKI: The lynx population in Poland. Acta Sc. nat. Brno 2 (5/6), 53—56, 1968.

HAGER, E.: Über das Abwerfen der Hirsche. Österreich. Weidwerk 3, 101—105, 1965.

HECK, L.: Der Rothirsch. 2. Aufl., Hamburg u. Berlin, 1956.

HEDIGER, H.: Zur Biologie und Psychologie der Flucht bei Tieren. Biol. Zbl. 54 (1, 2), 21—40, Leipzig, 1934.

DERS.: Bemerkungen zum Raum-Zeit-System der Tiere. Schweiz. Z. Psychologie 5, 241 bis 269, 1946.

DERS.: Zur psychologischen Bedeutung des Hirschgeweihs. Verh. Schweiz. Naturforsch. Ges. 126, 162—163, 1946.

DERS.: Jagdzoologie — auch für Nichtjäger. Basel, 1951.

DERS.: Skizzen zu einer Tierpsychologie im Zoo und im Zirkus. Zürich, 1954.

DERS.: Aus dem Leben der Tiere. Frankfurt/M. und Hamburg, 1966.

HELL, P.: Population density of the Lynx in the Czechoslovakian Carpathians. Acta Sc. nat. Brno 2 (5/6), 57—64, 1968.

HENSCHEL, P.: Untersuchungen am Verdauungstrakt des Rothirsches (Cervus elaphus) post mortem unter besonderer Berücksichtigung pflanzlicher Faser im Pansen, Caecum und Colon. Inaug.-Diss., München, 1967.

HETSCHOLD, W.: Das Ansprechen des Rotwildes. 2. Aufl., Hamburg u. Berlin, 1963.

HOFFMANN, H.: Über die Zusammensetzung der Rotwildbestände und deren grafische Darstellung. Wild und Hund, H. 16—18, 1928.

HOLLOWAY, C.: A study of the effect of Red Deer and other browsing mammals and birds on natural regeneration of Scots Pine. Red Deer Research in Scotland, Prog. Report 1, 71—72, Edingburgh, 1967.

JAZCEWSKI, Z.: The effect of changes in length of daylight on the growth of antlers in the deer (Cervus elaphus L.). Folia biologica 2, 133—143, 1954.

KLEYMANN, M.: Beiträge zur Kenntnis der Infrastrukturen beim Rotwild, Teil I: Zur Entwicklung und gegenwärtigen Situation der Rotwildbestände in der Bundesrepublik Deutschland. Z. Jagdwissenschaft 22, S. 20—28, 1976.

KLÖTZLI, F.: Qualität und Quantität der Rehäsung. Bern, 1965.

KOSS, G.: Einflüsse auf Pflanzen-Gesellschaften und Äsungs-Präferenzen von indigenen Ungulaten in Kenia und Deutschland. Inaug.-Diss. Gießen, 1969.

KRATOCHVIL, J.: The lynx population in Jugoslavia. Acta Sc. nat. Brno 2 (5/6), 71—74, 1968.

KRÖNING, E. und F. VORREYER: Untersuchungen über Vermehrungsraten und Körpergewichte beim weiblichen Wild. Z. f. Jagdwissenschaft 3, H. 4, 1957.

KURT, F.: Rehwild. München-Basel-Wien, 1970.

LINCOLN, G. A., YOUNGSON, R. W. and R. V. SHORT: The Social and Sexual Behaviour of the Red Deer Stag. J. Reprod. Fert., Suppl. 11, 71—103, 1970.

LOWE, V. P. W.: Population dynamics of the red deer (Cervus elaphus L.) on Rhum. J. Anim. Ecol. 38, 426, 1969.

DERS. and B. MITCHELL: Population studies. In: Red Deer Research in Scotland, Prog. Report 1, 2—21, Edinburgh, 1967.

MARSHALL, F. A. H.: On the change over in the oestrous cycle in animals after transference across the equator, with further observations on the incidence of the breeding seasons and the factors controlling sexual periodicity. Proc. R. Soc. B, 122, 413, 1937.

MÜLLER-USING, D.: Die Entwicklung der Großtierbestände in den Kulturlandschaften Mitteleuropas im Verlauf der letzten 100 Jahre. Z. f. Jagdwissenschaft 4, H. 4, 1958.

DERS.: Über Gebrauch und Mißbrauch der Weidmannssprache in der deutschen Terminologie der Verhaltensforsch. Säugetierkdl. Mitt. 7, 24—28, 1959.

DERS.: Rotwildalter-Merkblatt, hrsg. vom Schalenwild-Ausschuß des Deutschen Jagdschutz-Verbandes. F. C. Mayer Verlag, München.

DERS. und R. SCHLOETH: Das Verhalten der Hirsche. Kükenthal Handb. Zool. 10 (28), 1—60, 1967.

NOVIKOV, G. A.: Contemporaneous distribution of the lynx in the Western Part of the USSR. Acta Sc. nat. Brno 2 (5/6), 35—48, 1968.

RAESFELD, F. v.: Das Rotwild. 4. Aufl., Hamburg u. Berlin, 1957.

REMANE, A.: Sozialleben der Tiere. 2. Aufl., Stuttgart, 1971.

RIECK, W.: Die Setzzeit bei Reh-, Rot- und Damwild in Mitteleuropa. Z. f. Jagdwissenschaft 1, H. 1, 1955.

DERS.: Grundsätzliches zur Hege des Rehwildes. Wild und Hund 63, 437—439, 1961.

SAMBRAUS, H. H.: Das soziale Lecken des Rindes. Z. f. Tierpsychologie 26, 805—810, 1969.

SAINT-GIRONS, M. C.: Rapport sur la disparition du lynx en France. Acta Sc. nat. Brno 2 (5/6), 15—16, 1968.

SCHAUENBURG, P.: Le lynx (Lynx lynx L.) en Suisse et dans les pays voisins. Rev. Suisse de Zool. 76, 257—287, 1969.

SCHENKEL, R.: On Sociology and Behaviour in Impala (Aepyceros melampus Lichtenstein). East African Wildl. 4, 99—115, 1966.

SCHJELDERUP-EBBE, T.: Beiträge zur Sozialpsychologie des Haushuhnes. Z. f. Psychologie 88, 225—252, 1922.

SCHLOETH, R.: Über die Mutter-Kind-Beziehungen beim halbwilden Camargue-Rind. Säugetierkdl. Mitt. 6, H. 4, 145—149, 1958.

DERS.: Das Sozialleben des Camargue-Rindes. Z. f. Tierpsychologie 18, 574—627, 1961.

DERS.: Verwandtschaftliche Beziehungen und Rudelbildung beim Rothirsch (Cervus elaphus L.). Rev. Suisse de Zool. 73, 434—440, 1966.

DERS.: Variabilität und Abhängigkeit des Röhrens beim Rothirsch (Cervus elaphus L.) in einem alpinen Biotop (Schweiz. Nationalpark), Ergebn. wiss. Untersuch. im Schweiz. Nationalpark, Band XI, 69, S. 389—412, 1974.

STEINBACHER, G.: Zum Geweihgebrauch beim Rothirsch. Säugetierkdl. Mitt. 3, 35, 1955.

TINBERGEN, N.: Instinktlehre. 4. Aufl., Hamburg u. Berlin, 1966.
TOSCHI, A.: Rapport sur la disparition du lynx en Italie. Acta Sc. nat. Brno 2 (4), 17—23, 1968.
UECKERMANN, E.: Untersuchungen über die Ursache des Schälens des Rotwildes. Z. f. Jagdwissenschaft 2, H. 3, 1956.
DERS.: Wildstandsbewirtschaftung und Wildschadenverhütung beim Rotwild. Hamburg u. Berlin, 1960.
DERS.: Die Fütterung des Schalenwildes. Hamburg u. Berlin, 1964.
ULLRICH, H.: Untersuchungen über die Wanderungen unseres freilebenden Haarwildes. Deutsche Jagd, H. 44/45, 1940.
VASILIU, G. D. und P. DECEI: Über den Luchs (Lynx lynx) der rumänischen Karpathen. Säugetierkdl. Mitt. 12, 155—183, 1964.
VIBRAYE, M. de: La Venerie. In: Les joies du cheval. Paris, 1969.
WALTHER, F.: Einige Verhaltensbeobachtungen an Thomsongazellen (Gazella thomsoni Günther 1884) im Ngorongoro-Krater. Z. f. Tierpsychologie 21, 871—890, 1964.
DERS.: Mit Horn und Huf. Hamburg u. Berlin, 1966.
WERNER, F. K.: Beiträge zur Freilandbiologie des Südosteuropäischen Luchses Lynx l. Lynx. Säugetierkdl. Mitt. 1, 104—110, 1953.
YOUNGSON, R. W.: Behaviour studies on Rhum. In: Red Deer Research in Scotland, Prog. Report 1, 30—33, Edinburgh, 1967.
ZEEB, K.: Paarungsverhalten von Primitivpferden in Freigehegen. Säugetierkdl. Mitt. 6, 51—59, 1958.
DERS.: Der freie Herdensprung bei Pferden. Wien. Tierärztl. Monatsschr. 48, 90—102, 1961.

Wissenschaftliche Filme:

SIEWERT, H.: Rotwild und Damwild in der Brunft. Film C 351 des IWF, Encyclop. cinematogr., Göttingen, 1940.
NAAKTGEBOREN, C.: Cervus elaphus (Cervidae) Geburt. IWF, Encyclop. cinematogr., Göttingen, Film E 1114, 1966.
BÜTZLER, W.: Cervus elaphus (Cervidae) Paarungsverhalten. IWF, Encyclop. cinematogr., Göttingen, Film E 1425, 1969.
DERS.: Cervus elaphus (Cervidae) Geweihabwurf. IWF, Encyclop. cinematogr., Göttingen, Film E 1561, 1973.
DERS.: Cervus elaphus (Cervidae) Brunftkampf. IWF, Encyclop. cinematogr., Göttingen, Film E 1562, 1973.

Stichwortregister

Weitere Bände aus der Reihe BLV Wildbiologie

Burrows/Matzen

Der Fuchs

Dieser Band über Leben und Verhalten des Fuchses wendet sich zunächst an Jäger, gibt aber auch interessierten Tierfreunden Antwort auf Fragen wie Naturgeschichte — Körperliche Merkmale — Bau und Revier — Nahrung — Sozialverhalten — Ökologie — Krankheiten.

196 Seiten, 15 Fotos, 3 Zeichnungen

Fred Kurt

Rehwild

Hier ist in präziser Form schlechthin alles ausgesagt, was der Jäger über Vererbung, Umwelt, Populationsdynamik und Sozialverhalten — und damit eben auch über Wilddichte, Geschlechtsverhältnisse und Altersklassenaufbau wissen muß.

2. Aufl., 174 Seiten, 25 Fotos, 18 Zeichnungen

Ruth und Detlev Müller-Using

Das Murmeltier

Stammesgeschichte und Ausbreitung — Verbreitung in Europa — Sozialverhalten — Spielverhalten — Winterschlaf — Krankheiten — Parasiten — Feinde — Schutz vor Feinden — Jagd — Bedeutung für den Menschen — Verbreitete Irrtümer.

118 Seiten, 19 Fotos

Helmut Bettmann

Wildtauben

Dieser Band über Leben und Verhalten der bei uns vorkommenden Ringel-, Hohl-, Turtel- und Türkentauben wendet sich an Jäger und interessierte Tierfreunde und gibt Antwort auf Fragen wie: Ausbreitung — Ernährung — Wildschadensproblematik — Wissenschaftliche und wirtschaftliche Bedeutung.

127 Seiten, 8 Bildtafeln mit 14 Fotos

Einhard Bezzel

Wildenten

Dieses Buch über Leben und Verhalten der Wildenten wendet sich an Jäger und interessierte Tierfreunde und gibt Antwort auf Fragen wie: Wasserwild in Europa — Enten als Jagd- und Forschungsobjekt — Balz, Paarbildung — Nestbau — Brutpflege — Mauser — Schutz und Hege.

155 Seiten, 32 Fotos, 12 Zeichnungen

BLV Verlagsgesellschaft München

So soll
doch eine Jagdzeitschrift sein:

Voll praktischer Informationen
und neuer Erkenntnisse,
aufgeschlossen, realistisch,
durchpulst von der Freude
am Waidwerk,
so wie es sich uns heute bietet.

So ist

„Die Pirsch –
Der Deutsche Jäger"